平凡社新書
887

江戸の目明し

増川宏一
MASUKAWA KŌICHI

HEIBONSHA

江戸の目明し●目次

はじめに

江戸は賑《にぎわ》っていた。

人々は額に汗して働き、貧しいなかにも幸せを求めた。努力した結果、裕福とはいえないまでも満足した日々を送っていた人々もいた。

しかし、世の中には人の弱みにつけ込んで詐欺や強請《ゆすり》をする者も絶えなかった。ささいなことに因縁《いんねん》をつけ、脅して金を奪う者がおり、なかには集団強盗を働くものもいた。江戸市中にもこのような輩《やから》がいた。それらを懲《こ》らしめるのは鬼平と異名のある長谷川平蔵や目明しの銭形平次であったようだ。

長谷川平蔵は実在の人物で、天明七年（一七八七）から火附盗賊改《ひつけとうぞくあらため》の役に就いた。銭形平次は作家野村胡堂《のむらこどう》（一八八二〜一九六三）が昭和六年（一九三一）から『オール讀物』

誌に連載した「銭形平次捕物控」の主人公で、架空の人物なのだが、御存知のように銭を手裏剣のように投げて悪者を捕える特技を持ち、不正を暴き、弱き者を助ける正義の士である。

「銭形平次捕物控」の連載が始まったのは言論の自由が極端にせばめられていた時代であった。そのため、江戸時代に仮託して庶民が権力に抗する姿を描き、悪徳商人を暴くという正義実現のストーリーと難事件の犯人を推理する謎解きの興味とがあいまって絶大な人気を博した。「銭形平次捕物控」は珍しく戦後も続き、昭和三二年（一九五七）まで書かれた作品であった。しかし平次の悪を糺《ただ》す姿勢は変わらず、他の捕物関係の作品に大きな影響を与え、現在に至る目明しの典型がつくられた。そのためテレビ・ドラマに登場する他の目明しも、正義の士として描かれるようになった。

むろん、テレビ・ドラマや映画は娯楽作品であるため面白おかしく創りあげられる。時代考証が少々甘く、江戸時代なのに心情や言葉づかいが現代的で奇妙な場合もあるが、筋の運びをわかりやすくするためだろう。目明しの人柄もかなり誇張されていたりするが、まあ創作として認められているようだ。

ただ現実は、想像と少し違うようである。

例えば、幕末に将棋がとても強くて「棋聖」と呼ばれた天野宗歩《そうふ》という指し手がいた。しかし素行ははなはだ悪く、ある時は弟子四人に指図して牛込場の三河屋喜兵衛をごまかしの賭将棋に誘い込み、大金を捲きあげた。詐欺が露顕《ろけん》して喜兵衛は奉行所に訴え出た。安政二年（一八五五）二月のことである。その時、「宗歩の伯父である摩利支天《まりしてん》横丁の天野幸助が目明しで、なかなかの利《き》け者だったので大いに骨折りして、内済することで決着した」（『藤岡屋日記』）。

親類の手助けとはいえ、目明しは詐欺の賭将棋のもみ消しをおこなっている。悪を懲らしめる正義の味方とはどうも違うようである。

この程度なら、稀には悪い目明しもいた、で済ませることもできるだろうが、あまりにも史実と違うのはどうであろうか。二〇一六年夏に放映されたNHKの連続ドラマで、正義感の強い町人が、北町奉行遠山左衛門尉景元《とおやまさえもんのじょうかげもと》から直々に十手《じって》を手渡され、感激して目明しになるという話で、ここぞという捕物の時には、神棚に供えていた十手を腰に差して飛び出している。

どうもおかしい。というのは遠山は目明し廃止論者である。また、後述するが目明しの実態は改心した元犯罪者で、一般の町人が目明しになるのはおかしい。目明しと接触するのは奉行所の同心の役目で、上級役人である町奉行が直接目明しと会って話すのも異様に思える。

十手にしてもそうだ。聞き込みの時に私服の刑事が警察手帳を示すように、時代劇・小説では、目明しは懐《ふところ》から十手の先をちらりと見せて、「御用《ごよう》の筋で少々訊きたい」とするのが定番である。

ところが江戸の町触のなかに、嘉永三年（一八五〇）四月、十手の取扱いについての下問に対する同心の林善左衛門ら三名連名の答弁書がある。俗称である「目明し」を避けて、手附、手代、「召し連れていいます小者」と表現しているが、実態は目明しであろう。現代文になおすと、

雇足軽や手附、手代達が召し連れている小者《こもの》へ、十手や捕縄を貸与する規制について、同役達と打ち合わせたことを申し上げます。捕物がある時に、足軽が不足して臨時雇の足軽を用います時には、十手や捕縄はそのつど貸与して、御用が済み次第取り

上げております。
捕物や平常の御用の時には、召し連れています小者へは十手や捕縄は貸しておりません。たとえ平常の御用の出役であっても貸与しておりません。ただ賭博の取締りや臨時の捕物の手伝いをする時には、手附や手代や小者に十手と捕縄は貸与しますが、その場の御用が済み次第、取り上げております。

（『幕末御触書集成』）

十手は事件のたびに貸与して、事件が終わると取り上げているという趣旨の答弁である。即ち、神棚に十手を供えているというのは誤りであろう。また、紫房の付いた十手を持っている目明しもドラマでは描かれているが、こういう十手は実際にはなかった。

以上のように、創作の世界をはじめとして、事実と異なる目明し像が作られてきた。本書は幕府の公式記録からこれらの間違いを指摘し、本来の姿を描くものである。

目明しが最も使われたのは「天保の改革」期であろう。わずか二年半の間に出された「町触だけでも約一七八点にのぼり」（荒川秀俊編『天保改革町触史料』）、その制度改革や奢《しゃ》侈《し》禁止のための調査や探索に目明しが当たったからである。

本書の前半は、目明しが跋扈《ばっこ》する原因の一つとなった江戸市民のぜいたくの描写から始めるが、その冒頭に当時の世相を反映した町奉行所の判決を述べておきたい。

緊縮財政政策で何もかも豪華と決めつけたのか、実際に取り締まらねばならないほど派手であったのか、創意工夫によって洒落《しやれ》た新製品を作ると華美と断じたのか。探索する目明しとぜいたくとは表裏一体の関係にあった。

後半は、目明しがどのようにして生まれたのか、そしてどのようにして次第に権力と癒着し、「虎の威を借る」存在になったたか、その経過を探る。あまり知られていない目明しの生き様である。とりわけ幕末の、信じ難いほどの邪悪な数々の行為には驚かされるが、それが事実であったことは、明治政府が幕府高官から下級役人までの多数の幕臣から聴問した記録が示している。

最終章では目明しとその子分達について、幕府が統制に苦慮したことを述べる。当初は治安対策に協力させるため採用した目明しだったが、明治維新直前には目明しの存在じたいが治安問題となった。何故このようになったのか、それが幕藩体制のもつ矛盾から生じたものであることについて言及する。

第一章　天保期の世相と目明し

一、三之助事件

天保初年の大飢饉のあとようやく繁栄に向かおうとした時期、その裏側にある緩《ゆる》みを象徴している事件があった。天保四年（一八三三）に判決がいい渡された「三之助事件」である。

おそらく江戸時代の全期を通じて、町奉行の同心達がこれほど一度に多数逮捕されたのは初めてであろう。この事件については、江戸時代の犯罪判例集の『御仕置《おしおき》例類集・天保類集』に詳細に記されている。町奉行榊原主計頭《さかきばらかずえのかみ》の下した判決文は、現代風になおすと次のようなものである。

去々（一昨年の）卯《う》年（天保二年・一八三一）、御勘定公事方《くじかた》の曾我豊後守《そがぶんごのかみ》が上申した件につき判決を申しつける。

松浦忠右衛門の中間《ちゅうげん》三之助が賭博をした件で、町奉行筒井伊賀守組の同心竹田吉右衛門ほか十人の者は、松浦忠右衛門の屋敷内の中間頭三之助が屋敷内で賭博の主催者であったことを知らなかったといい、三之助が右の悪事を見逃してもらうために金銭を渡そうとしているのにも全く気付かなかったと述べた。

三之助の子分は、同心達が支配する地域内に多数いるが、盗賊の疑いがかけられた時には、そのような行為はしていなくて全く無実であり、疑いをかけられた者は難儀しているという子分達のいい分を認めて、自分達は子分達をかばった。

さらに、賭博容疑で松浦の屋敷を捜索する情報を事前に三之助に直接伝え、また、南本所大徳院門前に住む同心の手先（すなわち目明し＝著者注）の利八ほか一名が、情報が洩れているといってきたが、不正の筋はないと否定した。

同心達と利八が三之助に会った時に、情報の御礼や時候の御見舞と称して三之助が差し出した酒肴代を断乎として拒否すべきなのに、そのまま受け取った。

同心の吉右衛門、半左衛門、丈左衛門の居宅が先日の火事で類焼した時には、見舞として利八が差し入れた灯油料を受け取る筋でないのに受け取り、そのうえ三之助から差し出した火事見舞と称する金品を何ら糺《ただ》すことなく受け取った。三之助から喜左衛門に鰹《かつおぶし》節代として渡された金品も火事見舞として受け取った。

利八はこれらの事実を知って、その筋の火附盗賊改方へ申し立てたが「聞き済ました」と取り上げることはなかった。これも明らかな怠慢である。

以上の誤りは何の道理もなく、一同ははなはだ不埒《ふらち》なので同心十一人ともに百日の押込めを命ずる。


江戸時代特有の主語がどこにあるのかわかりにくい文章であるが、概してこのような内容であろう。同心というのは町奉行所の与力の下で働く下級武士で、火附盗賊改方にも配属されている。利八ほか一名というのは町奉行所に所属する同心の手先でなく、火附盗賊改方の同心の手先であろう。

要するに町奉行所配下の同心一〇名とこれも同じ同心の喜左衛門の合計一一名が「百日押込め」になった。同じ町奉行所内の役人同士のことなので意外に軽い罰で済んだようであるが、およその罪状は理解いただけたと思う。

また、同じ事件で別の人物も裁かれている。曾我豊後守の下した判決文である。

御先手　奥山主税助
名　代　武田　兵庫

その方共は元召仕いの中間部屋頭三之助が中間部屋に他所《よそ》の者を集め、賭博をおこない、筒取貸元（賭博の主催者の意＝著者注）をしていたのを見逃しただけでなく、用人の松本茂左衛門が三之助に高利の金を貸しつけ、暴利を得ていることを知りながら黙認し、他の忠右衛門の家来達も三之助から肴代《さかな》という名目で金銭を受け取っていたことを三年も知らなかったと述べたので、差扣《さしひかえ》（自宅謹慎）を申し付ける。

御先手　松浦忠右衛門
名　代　鷲巣治左衛門

その方共は三之助がかねてから賭博をしていたのを知りながら召し抱え、中間部屋で賭博をおこない、三之助が筒取貸元をしたうえ、用役の者が高利で金を貸しつけ、家来達も肴代として金銭を受け取っていたことを知らないという。中間部屋で賭博をしているという風聞があったので野田作兵衛から糺すようにという依頼があったのに、等閑に付していた。

その方共は先年、火附盗賊改役を勤めて、率先して賭博取締りにあたらねばならないのに、ことのほか未熟な心得でふつつかなので御役御免（免職）を申し付ける。

さらに御目付の佐藤市左衛門が立ち会って申し渡された判決文も残されている。

榊原主計組頭同心　神田造酒右衛門《みきえもん》

右の者は御先手松浦忠右衛門の屋敷の中間部屋頭三之助が、中間部屋で賭博の筒取貸元をしていたことを承知していたのに、召捕り方の手配を怠った。

三之助の子分は人宿《ひとやど》（奉公人斡旋業）の寄子《よせこ》のなかに多勢いたので武家屋敷内を探索せずに、霊岸島川口町の吉兵衛店の万五郎の勧めにまかせて、三之助に面会した。

また、万五郎より貰い受けた畳十畳は、三之助が提供した品物であることをとくと糺さず受け取った。その後も入用の品々を万五郎から貰っていた。そのうえ三之助が使うことを知りながら、高い利回りになるというので万五郎に金を貸した。

しかし、万五郎が三之助にまた貸しした金が滞って返してくれない、という理由で金が返ってこないようになると、万五郎の縁者である下総国於見川村の善蔵の許に行き、同人所有の田畑書入証文を取り上げた。この証文は万五郎が金を取り揃えて持参してきたので返したという。さらに、万五郎が芝口二丁目の伊兵衛から金を借りた時には、勤め柄もわきまえずに保証人になった。

三之助の悪事が露顕した時には、万五郎も子分として逃れられないのを知りながら、万五郎に秘《ひそ》かに通報して逃亡させた。しかし万五郎が居ないと、万五郎を経由して三之助に貸した自分の金の残高がどうなっているのかわからなくなるので、川口町の番屋に行って、町役人に命じて万五郎を呼び戻した。

かれこれ紛らわしき行動は不届《ふとどき》につき、重追放を申し渡す。

悪徳役人の見本のような同心である。他にも腐敗した同心がいた。

榊原主計頭組同心　豊田磯右衛門

右の者は、住居類焼の際に見舞として霊岸島川口町の万五郎より差し越した畳が、三之助より贈られた品物であることに気づかず、万五郎もひと通りの者でないことを知りながら、職務上で糺すことなく畳を受け取った。

役目柄、たとえ非常の時の見舞であっても断るべきなのに受け取ったのは、不埒につき押込めを申し渡す。

以上の判決文を綜合すると、元火附盗賊改方に勤務していた松浦忠右衛門の屋敷の中間部屋が、三之助の主催する賭場になっていた。この屋敷の用人松本茂左衛門は三之助に高利で金を貸して利益を得ていた。他にも同心の神田造酒右衛門も三之助に投資している。町奉行の伊賀守組の同心で三之助から賄賂を貰っていたのは竹田吉左衛門、岡本三右衛門、中田海助（又は啓助）、大見沢弥四郎、石見又助、古谷勇吉、大倉朝五郎の七人である。榊原主計頭組の同心は神田造酒右衛門と豊田磯右衛門である。このように、三之助は両奉行の下にいる同心達を籠絡《ろうらく》していたわけである。

結局、三之助に関連して処罰された士分の者は全部で三三名という前代未聞の大事であった。多くは四〇歳代から六〇歳代の充分に分別のあるべき年齢の者達であった。

別の記述によると、処罰されたのは同心より上位の者もいて、町奉行筒井伊賀守組の与力木村俊蔵五五歳、町奉行榊原主計頭組与力上崎八郎次六〇歳、御先手渥美源太郎組与力福田藤次兵衛五一歳、西丸御先手雨宮権右衛門の与力海野五郎兵衛五〇歳も含まれている。

与力は同心の上位にいる役人である。

すべてをあわせると、三之助の女房もよ五六歳、万五郎女房とせ五二歳も含めて百姓、町人をあわせると総勢六四名が処罰されたとしている（『藤岡屋日記』）。

三之助の来歴は不詳である。わずかに上州無宿とだけ記され、五六歳（五二歳ともいう）としている。取調べの際には正座させられて太股の上に数枚の石を積む拷問で、すべてを白状したという。判決は遠島であった。

役人がこれほど大量に処罰されたのは珍しかったからか、他の書物にも「この三之助という者は賭博の元締をしていて、それぞれの町方同心、諸組加役方、出役の者にまで取り入り」（山田桂翁「宝暦現来集」）と書かれている。

この事件について注意しなければならないのは江戸期の贈答についての常識である。本件では賭博取締りに関わる贈収賄として処罰されているものの、現在とは異なり、祝儀や挨拶料、節句ごとの贈り物は〝社会の潤滑油〟として容認されていた。とりわけ町奉行所の役人達は地位による役得が日常的に多かった。

「町与力・町同心は江戸勤務の陪臣、町方の犯罪を担当しますので、諸大名からは「日頃の厚誼」に対して、町方では「微罪のお目こぼし」を願って各家で決めている与力・同心に付届《つけとどけ》をしました」（小川恭一『江戸の旗本事典』）とあるように、与力や同心達は差し出された金品は受け取るのが当然という感覚であった。

同心については後の第三章で詳しく述べるが、町奉行の下に与力がおり、その下で職務をおこなう下級役人で、職務上は目明しの上司である、同心についてまず知っていただくため、あえて腐敗した事例を紹介してみた。決してすべての同心がこのような不正に関与していたのではないだろうが、目明しがこのように同心の下で働いていたことを最初に承知していただきたかったからである。

二、碁打ち林元美《もとみ》

『御仕置例類集』にはさまざまな犯罪が記されていて、その時代を理解するうえでも貴重な資料である。もうひとつ興味深い一例を紹介するが、碁打ちのことなので、まず囲碁・将棋の江戸時代における立場を少し説明させていただきたい。

徳川家康は慶長年間に、八名の碁打ち・将棋指しに少額の禄を与えた。市井の遊びから幕府公認の技芸への昇格であった。その後、碁を家業とする本因坊家、安井家、井上家、林家と、将棋を家業とする大橋本家、大橋分家、伊藤家が創られ、それぞれ家禄が支給された。

寛文九年（一六六九）頃に囲碁四家と将棋三家は幕府により京都から江戸へ移住させられ、寺社奉行の管轄下におかれた。彼らは御用達《ごようたし》商人の身分が与えられ、義務として年に一度、江戸城内の将軍の御前で碁と将棋の技芸を披露することなどが定められた。

次に示すのは、その碁家の一つである林家の当主に関する天保元年（一八三〇）の判決文である。

土屋相模守伺「碁の者林元美につき、牛込等覚寺門前家持久右衛門への取計いの件」

碁の者　林　元美

右の者、牛込等覚寺門前の家主久右衛門より金子を借りたが、返済が滞ったので路上や他の場所でさまざまに不法な催促を受け、面目を失い、金を借りた時に若《も》し金が払えなかったら家を売ってでも支払うという証文を書いていたので、御上《おかみ》に訴え出ても取り上げてもらえないと思った。また、久右衛門の催促の仕方があまりにも憎いので、反撥《はんぱつ》して余計に金を返済する気にならず、不誠実な態度をとり続けた。

元美は、久右衛門との交渉を水野伯耆守《みずのほうきのかみ》の家来叶彦太郎の父の畠中宰平に依頼し、久右衛門の家に差し向けたところ、宰平と久右衛門とが口論になり、宰平が激高して刀を抜いたが、久右衛門に刀を奪い取られたので提訴して吟味をうけた。

元美は、久右衛門が内々で解決しようと持ちかけてきたのを断り、借金を返そうともしなかった。また、難儀の遺恨を晴らそうと宰平に頼み、宰平が久右衛門に難題を持ちかけたのは不埒なので、百日の押込めを命ずる。

この件は、元美が借金の時に払えなかったら家を売り渡すという証文を書いたので、御上が取り上げてくれないと思い、また、久右衛門の行為を心憎く思ったが、実は元美は貧窮して困った状況でなく、工面《くめん》したら返済は可能であった。ところが金を借りて五年の間に一銭も支払わず、久右衛門の取立ては不法なので返す必要はないと考えて、そのままにしておいた。

元美は碁打ちとして御上より御扶持《おふち》をいただいている身分であり、利欲のために返済しないという心でないにしても、先例からみて格別に品が宜しくなく、伺《うかがい》の通り百日押込めを命ずる。

（朱書）「評議の通り済《すま》す」

同じ土屋相模守伺いで天保元年に判決のあった「碁の者林元美の件につき、牛込等覚寺門前の家持久右衛門の取計いに申し立てた一件」も残されている。

水野伯耆守家来　叶彦太郎父

畠中宰平

右の者、林元美に頼まれて牛込等覚寺門前の久右衛門宅へ行き、元美が借りた金の返済について話し合った際、酒狂の上に権高《けんだか》にいったので口論になり、久右衛門が雑《あしざま》にいったと刀を抜いたが、久右衛門の家の者に刀や脇差までも奪い取られ、そのうえ動けないように細引《ほそびき》で縛られ、刀や脇差は使えないように折り曲げられたのは、武士としてあるまじき所業である。

奉行所での吟味の時には右のことを隠し、借金返済の掛合いに不《ふ》行届《ゆきとどき》があったのか、久右衛門のほうが憤って、理不尽にも自分を引き倒して大小の刀をもぎ取ったなど事実と異なることを申し立てた。
殊《こと》に奉行所の吟味中に久右衛門から内済にしようといい出したのに、元美と相談して申し合わせて、金子をむさぼり取る意志はなかったにしても、久右衛門に難儀をかけられた遺恨を晴らそうとし、折られた刀と脇差は先祖重代の品なので弁償として金二百両を差し出せと要求するなど、不法な掛合いは不届《ふとどき》につき、刀と脇差を取り上げて江戸《えど》払《ばらい》に処す。

奉行所は相手方の町人に対しても吟味して処罰している。

牛込等覚寺門前家持
久右衛門女房　しの
他　一人

右の者共は、久右衛門が林元美へ金を貸し、返済が滞っていたので厳しく催促するようにと久右衛門から聞かされていたので、元美宅を尋ね、雑言に及びあるいは案内もなく居間まで踏み込み、又は元美の家内の者共に路上で行き会った際には悪口などをいい、右の掛合いとして元美に頼まれた畠中宰平が自宅に来た時には、久右衛門と口論になり、宰平が刀を抜いた際には久右衛門ともども宰平を押さえつけ、刀と脇差をもぎ取ったのは致し方がないとしても、刀と脇差を久右衛門が折り曲げたうえ、宰平を嘲弄《ちょうろう》したのを差し止めず、そのうえ、吟味中に担当の役人宅を訪れ、面談を申し入れたが、しかし吟味中なので、聞き容れられなかった。

右の者共は吟味中の預かりの身分であるのに、久右衛門からいい付けられて、所々の貸金先へ催促に出あるいたこと、また一人は久右衛門宅へ同居して世話になっているからといって差図に従い、共に不埒につき五十日の押込めに処す。

江戸市中のリアルな生活描写であり、世相の一端を示したといえる。

林元美は碁を家業とする四家の一つで、元美は林家一一代目の当主である。囲碁四家のうちで最も家格が低く、当時は門人の数も少なかった。身分は御用達町人で、幕府から二〇石ほどの扶持が家禄として支給されるが、むろん生活を賄うほどの額でなく、いわば技能奨励金とでもいえる少額であった。

元美は何らかの必要があって金を借りたのであろうが、五年間のあいだ一度も分割で返済することもなく、放置しておいたのは異常である。他方、金貸しである久右衛門側の催促もはなはだ厳しいものであるが、これを止《や》めさすために元美が依頼した宰平もかなり不審な人物である。役職に就いていたとは思われないので、既に隠居していたのであろう。元美は武家屋敷へ常に碁の出稽古で訪れているので、そこで知りあった武士のうちの一人とみてよい。

宰平が久右衛門の家を訪れて刀を抜いたのは「酒狂」とされている。久右衛門が酒を出して借金の示談に来た者を歓待したとは考えられないので、宰平が事前に深酒をしていて久右衛門宅を訪れた時には既に泥酔状態であったのだろう。おそらく久右衛門のいい分を聞くことなく抜刀したと考えられる。武士が刀を抜くのは異常な行為で、人を殺傷する可能性があるので堅く禁じられていた。しかもすぐに折れ曲がるような刀を先祖伝来の家宝といいたてて二百両もの大金を要求するのは詐欺そのものであり、最初から計画された芝居であったのかもしれない。

いずれにせよ武士が町人宅を訪れたのであるから、最初から横柄な態度であったのは間違いない。それにしても殺人未遂で詐欺であったのに、武士に対しては軽罪である。

この事件は、一つの技芸に優れていて有名人であっても、決して人格は品行方正でないという典型である。判決はいい渡されたそれぞれの人物の個性まで示している。次節から述べるのは、幕府がおこなった、人々の生活に対するさまざまな規制である。

三、町人のぜいたく

天保年間になると、前節の金貸し久右衛門のように多少はゆとりのある暮しをしている町人が増えてきたのであろう。この頃の江戸の町触をみると、ぜいたくを禁止する通達が多くなっている。一例を挙げると、天保九年（一八三八）閏四月二三日に町年寄役所から触れた次のような禁止令である。

櫛《くし》、笄《こうがい》、簪《かんざし》、煙管《きせる》又は多葉粉《たばこ》入れ、紙入れ、金物《かなもの》そのほか無益の翫《もてあそび》の品々に、金銀を用いてはならないと前々から触れているが、近頃は猥《みだ》りに金銀を用いて造り又は売買している者達があると聞く。

今後は百姓や町人共は右の品々を決して用いてはならず、主人や出入りの武家屋敷などから貰い受けてはならず、或いは昔から家に持ち伝えられた品々であっても、金銀を細工したり、器なども一切所持してはならない。

殊につき、武家が用いる品々として誂《あつら》えを指定された時はこれまで通りであるが、すべて金銀を用いた品々を内証で拵《こしら》え、売買してはならない。これまで商売で仕入れたものについては、当年中に限って売買を許すが来年からは禁止する。

（『江戸町触集成』）

金銀を用いた日用品は度々の禁令にもかかわらず広く出回っていた。以前から繰り返し触れていたが、守られていないので又々触れたようである。なお武士だけは特別で、公然と金銀を使った品物を発注したり所持したりしていた。

同年五月一七日にも別のぜいたく禁止の町触が出されている。日用品だけでなく飲食物についてもぜいたく禁止である。

近頃は町方や近郊で、菓子類や料理などに無益の手数をかけ、立派に造っているものがあるという。風俗が奢侈になるのは宜しくなく、武家より誂えという注文があった場合は別として、菓子や料理以外でも高価な品々を売買しないようにせよ。もし背反した者があれば、調査のうえ急度《きっと》処罰する。この旨を町中に洩れなく通達せよ。以上は町奉行所より仰せ渡されたもので、食物商売をしている者だけでなく、町中の家主や借屋をしたり間借りをしている者共まで洩れないように通達せよ。（『同前書』）

菓子については取り締まる側はよほど関心があったのか、天保一〇年（一八三九）七月にも菓子組合の代表達を町年寄が集めて、南北御菓子掛りの樽屋三郎右衛門より菓子職人の賃銀のことで通達が出されている。高価な菓子造りのできる職人が高給で引き抜かれたりするのを防止するためであろう。その際の取調べの内容が「下げ札」として附記されているが、こちらは職人の賃銀のことより菓子の販売のほうが主題であったようである。「下げ札」は次のようなものである。

本文にある飴、雑菓子屋共は店売りをせず、よしず張りの店や水茶屋、床屋、番屋、講釈場などへ卸売《おろしうう》りをしてきて、湯屋の二階のくつろぎ場所へは先年に規定を仰せ出された故か、表立っての商売は難しくなっている。

御府内の餅菓子屋共は店売りを専《もっぱ》らにしているが、特に品柄に違いがあるので、雑菓子と餅菓子とは混じらないようにそれぞれが渡世すべきである。また、雑菓子のうちにも雑羊《よう》かん、塩煎餅については製造や卸売りのものは別段の訳もあるだろうが、無株の者が製造や卸売りをしないように、このことも心得のため申し置く。

（『同前書』）

雑菓子と餅菓子とは区別されていて、雑菓子より上等の品が饅頭《まんじゆう》や薄皮と呼ばれている蒸菓子類であろう。飴や雑菓子のほうは手広く卸売りされたが、一方で制限もあったようである。製造や卸売りをする菓子屋は、株を持っている者に限定されていたこともわかる。

天保一二年（一八四一）一二月には、菓子屋のおもだった者一八人を役所に呼び出してぜいたくな菓子を規制している。町触に記載されているのは、菓子屋一同が承知いたしましたという上申書である。ここには菓子の値段も明示している。

書付を以て申し上げます。

当年六月に厚き御趣意によって仰せ渡されましたように、私共の商売につき高価な品は造りませんし、御触の趣旨は一同が申し合わせて畏《かしこま》りまして御受け申し上げます。

仰せになりました以前の蒸菓子は大きさや目方にもよりますが、一個につき金二、三分より五分ぐらい（金額は原文ママ。以下同じ）までで出来上がっておりました。羊かんの類は一棹につき銀三匁から四匁までと造っておりましたが、別格の御申し付けなので造るのは中止いたします。

なお、十一月三日に北御番所（北町奉行所）へ菓子屋と料理茶屋を召し出されて、厚い御教諭をいただきました。私共一同は有難き幸《さいわい》に存じます。この後はお上の御趣意に背《そむ》かないように一同で申し合わせ、店売の饅頭、薄皮の類は小さい品一つにつき五厘、大きい品は一分までといたします。蒸菓子の並は一棹につき銀五厘、上物は一個につき一分から一分五厘まで、並の羊かんは一棹につき銀一匁、練羊かん類は一棹につき銀二匁までとあい決め、高価な品は一切製造いたしません。

この後に菓子屋一八名の署名と捺印がある。老中水野忠邦はこの年の五月一五日に改革宣言をおこない、町方に布達されたのは同月二二日であるが、奢侈禁止と同時に低物価政策を強行した。菓子は贈答品として倹約の対象になり、幕府も執拗に規制を繰り返している。菓子屋一八名を呼び出した八日後にも本町一丁目の清五郎ら二一名を呼び出して、再びぜいたくな菓子を禁止している。これを受けた上申書も「恐れながら書付を以て申し上げ奉り候」という書き出しで始まっている。一部分を引用するとこのようなものである。

今般申し合わせまして、八重に手間をかけた高価な菓子を造りません。例えば琉球饅頭といって小豆餡《あずきあん》を金玉糖《きんぎょくとう》で包みますのが通常の製法でございますが、今後は紅《べに》餡、百合餡などにいたします。金団《きんとん》類はこれまで求肥種《ぎゅうひだね》（くず粉と砂糖を使ったものか＝著者注）で作ってきましたが、今後は養生餅にて作ります。（『江戸町触集成』）

この評定の結論を記した「下げ札」には、「この菓子の種は寒晒《かんざらし》の粉をあく抜きした砂糖を使って練るもので、練ったものを求肥種という。餅米を生砂糖にて作るのは養生餅といって、右の求肥種よりは値段も安く手間も省けるものである」と書かれている。

清五郎ら二一名は高級菓子の製造元だった可能性が高い。当時の菓子の名前や材料の名前は不明の部分があるが、幕府は雑菓子、一般の菓子、高級菓子と、扱う品物により菓子商を呼び出して規制したものと考えられる。

高価な菓子と同様に高価な野菜など食材についての規制もおこなわれた。水野忠邦から大目付への命令が天保一三年（一八四二）四月一日付で出されている。

近来、初物《はつもの》を好む傾向が次第に増長し、殊更《ことさら》に料理茶屋などで競いあって買い求めて高価な品物を調理している。

例えば、きゅうり、茄子、いんげん、ささげの類その他「もやしもの」といって、室内に雨障子《あめしょうじ》を立てかけ芥にて仕立て或いは室内に炭団火《たどんび》を用いて養成し、年中時候はずれの品々を売り出している。これは奢侈の原因になり、不埒なことで今後はもやし、初物の野菜など売買を禁止する。

さらに食材となる魚や鳥の場合でも、「自然」に獲れるもの以外に、餌を与え飼いならし、手間をかけて世間へ高値で売ることも禁止している。これらの通達は町奉行所から各町の隅々まで伝えられた。

より珍しい品物を創り出そうという町民の工夫を、奉行所では贅沢と判断した。製造禁止あるいは売買禁止という厳しい措置である。

四、町民への規制

いわゆる「天保の改革」の一環として、幕府はあらためて天保一二年（一八四一）一〇月に奢侈禁止を触れており、箇条書でさまざまな物品を挙げている。すなわち、

一、不益《ふえき》に手間をかけた高価な菓子や料理を禁止する。

一、能装束ははなはだ結構なものがあると聞く。今後は手軽な品にすべきこと。

一、破魔弓《はまゆみ》、菖蒲刀《しょうぶとう》、兜《かぶと》、羽子板の類《たぐい》は、金銀や金物と箔を用いてはならない。

一、ひな人形や持ち遊ぶ人形などは、長さ八寸（約二四センチ）以上のものを造って

はならない。これ以下のものについては粗末な金入りどんすの装束はかまわない。
一、ひな祭の道具で、梨地や蒔絵《まきえ》は紋所のほかは用いないこと。
一、高価な鉢植の草木を売買してはならない。
一、煙管《きせる》やその他の持ち遊ぶ品物に金銀を使ってはならない。彫刻品や象嵌《ぞうがん》及び蒔絵も華美にならないようにせよ。
一、女の衣類で大造りの織物や縫物（派手で大柄な模様か＝著者注）を用いてはならない。金糸を縫い込んだ小袖《こそで》表は一枚につき代銀三百匁、染模様の小袖表は一枚につき代銀百五十匁を限度とする。これより高価な品は売買してはならない。帷子《かたびら》も右に準ずる。
一、町人共は総じて華美にならぬようにせよ。今後は町人の男女共は身分や地位に不相応な結構な品を着てはならない。髪飾りなども大仰な造りの品を用いてはならない。奉行所の組の者は、これらを見かけたら住所氏名を聞いて町役人に知らせよ。ただちに奉行所に召し連れて訊問するので、町役人はそのように心得ておけ。
一、櫛、笄、簪の類は金物を用いてはならない。べっ甲も細工をした高価な品物は禁止する。櫛は代銀百匁までに限る。笄や簪も右に準じて、高価な品を仕入れてはならない。髪結《かみゆい》で縮緬《ちりめん》の色布を拵《こしら》え、又は女子用の履物の鼻緒など高価な品を売買してはならない。

（『江戸町触集成』）

このように、日用品から能装束や節句の飾り品までも規制している。これに続く文も、従来は認めていたが今後は禁止する、と一段と規制を厳しくしている。物品だけでなく庶民の楽しみも規制した。同年一一月の町触では当時広くおこなわれていた娯楽を制限した。

近頃は町々の素人《しろうと》の家で、寄場《よせば》と称して見物人を集め、席料を取って座敷浄瑠璃又は人形などを取り交わして（人形浄瑠璃か＝著者注）渡世をしている者が多いと聞く。これらの者は古来より操芝居《あやつりしばい》に限ってお許しを受けていて、軍書の講釈や昔話などの上演はかまわないが、今後は人形遣いと交わり、浄瑠璃語《かたり》を雇い入れ、席料を取ることは相ならぬので、早々に止めるべきである。もし見逃したり聞き流して黙認していたのなら、雇主だけでなくその町の町役人も処罰する。

このことは天保二年にも禁止していたが、近頃はまた猥《みだ》りになって、路上や辻々又は湯屋の二階や髪結床などでも大道具を持ち込み、大仕掛の番組と札を張り、或いは興行する家の前に大看板を出して、操芝居に似たような催しをしている。これを家業としているのは不埒の至りで、今後は取り締まる。

町の所々で、幾度も浄瑠璃が語られ人形浄瑠璃が演じられ、人々が楽しみにしていたのであろう。天保二年にも禁止したとあるが、この時の町触は内容が少し異なっている。要約すると、「町家で娘達五人から七人ほどを集めて、女浄瑠璃を興業している。見物客の要望があれば料理を取り寄せてもてなし、売春同様の稼ぎをしているので禁止する。また、町家のこのような場所で花かるた、花合せ、或いは歌舞伎役者の紋尽しなどといって、めくり札に似た品物を売り捌いているのは不埒なことで、今後は禁止する」というものであった。こちらは売春同様の行為とかるた賭博に関わるものの禁止で、取締りの対象も異なる。

このように、天保一二年の取締りは、かつてある程度黙認されていたものさえも禁止する措置であった。

これも娯楽か庶民のささやかな楽しみというべきであろう、永年にわたって続けられた富くじも、制限された後に廃止された。天保一二年一一月二九日付の町触は次のようなものである。

富興行の札（富くじ）を売ることについて、従来は門前茶屋などで売っていたが、今後は寺の本堂でのみ富くじを売ることができるが、その他の何処ででも売ってはならない。取次《とりつ》いで中売りの者もあると聞くが、これらは見つけ次第に召し捕る。また近頃では店先で大量に富くじを売り捌くのを専《もっぱ》らにしている者もあると聞くが、不埒なことなので、そのような店舗を取り払い、町家で売る者があれば禁止する。もし今後このような行為があれば厳しく罰する。

寺社の縁日や町々の路上で、通行人に賭けさせてくじをふり、当たった者へ品物か金銭を渡す者があると聞く。今後このような者があれば、見つけ次第に取り押さえ、町の月行事（月当番の町役人）達より月番所（月番町奉行所）へ訴え出るようにせよ。

以前の天保元年にも申し渡したのに一向に止まず、これは町役人達に街頭賭博の主催者が心付けの金品を贈っていたために、見逃されていたためであって、今後は町奉行所の巡回する者にも申し付けて、賭博の主催者を召し捕ることにする。少しの油断もないように心掛けよ。

富くじについては天保一三年（一八四二）三月八日付で、「今般、富興行は残らず差し止めるように仰せ出され、富興行をいたしている寺社にはそれぞれ申し渡した。以前には許可された町触もあったが、その旨は今回禁止になったので心得ておけ。この件は寺社奉行よりも御達しになり、町奉行所から通達するものである」と、全面禁止とされた。

こうして富くじは完全に禁止されたが、主催者はかなりな利益を得られるので、幕府の許可を得ずに勝手におこなう非合法の富くじも販売されていた。俗に「隠富《かくしとみ》」と呼ばれているもので、『御仕置例類集』にも幾つか隠富興行の処罰例がある。例えば文政一〇年に判決がいい渡された町奉行榊原主計頭伺いの「御目付支配無役栗山備五兵衛、富興行いたし候一件」で、栗山備五兵衛と清左衛門が処罰されている。天保三年には御勘定奉行内藤隼人正伺いで「石川中務少輔家来荻原十内他一人、富突（抽選）興行いたし候一件」では、荻原十内、喜兵衛、勘兵衛の三名が罰せられている。

天保四年には筒井伊賀守伺いの「浪人樋口会太郎、富興行を企て候一件」で、樋口会太郎、樋口新九郎、南本所の正助が追放になっている。天保七年に御勘定奉行内藤隼人正伺いの「岩松満次郎家来水野右門他一名、隠富興行いたし候一件」では、水野右門、利右衛門、清右衛門、伊兵衛、慶三郎が処罰されている。なお富くじは「寺社復興のため」に許可されたもので、興行の申請人は寺社に限られていた。したがってそれ以外の者が興行するのは、すべて非合法の隠富なのである。

今ではほとんど知られていない言葉に「第附《だいつき》」というのがあるが、天保年間は日常語として広く使われていた。即ち、公許の富の富突きの際に、当り番号に賭ける非合法賭博である。当り札の末尾の数や札番号の一〇台の位の数に賭けるので第附と呼ばれた。元来が下層の人々向きの、富くじよりもはるかに低い金額の賭で、当りの賞金も低い額であった。公許の富くじが全面禁止になったので、第附も消滅した。かくして庶民のほんのささやかな楽しみも奪われた。

『御仕置例類集』にも天保二年判決御渡しとして、町奉行筒井伊賀守伺いの「小石川御守殿付門番の同心直蔵妻よし儀、直蔵外一人、第附の元方いたし候を、其儘《そのまま》にいたし置候一件」に、直蔵と家主仁兵衛が第附を主催し、店子の伝八に売子をさせたとして過料に処せられた経過が詳しく述べられている。

以上のように、幕府は天保の改革時に、風俗がよくないとして富くじを禁止し賭博の取締りを一層強化した。町民の生活を一段と規制し、ささやかな楽しみを奪うのが「改革」であった。

五、歌舞伎への敵視

前節で、町内にて浄瑠璃や人形浄瑠璃をおこなって席料をとることを禁止したことについて述べたが、幕府は芸能が風俗を乱すという考えから特別に、歌舞伎の取締りを強化した。

朱書で「天保一二年一〇月二九日、老中水野忠邦より直接に町奉行へ申し渡す」とある触書は、芝居などを禁止する考えを明確に示している。


在々において、神事や祭礼の節或いは作物の虫送り、風祭などといって、芝居の見世物同様のことを催し、衣裳や道具などを拵え、見物人を集めて金銭を費すことがあると聞く。不埒の事である。右のようなことを企て渡世するものは勿論《もちろん》、これ以外にも風儀の悪い旅商人又は河原者などは決して村々へ立ち入らせてはならない。これらを放置しておくと、遊興や惰弱、良くない事を見習い、自然に耕作を怠り、荒地が多くなって困窮し、終《つい》には離散の基《もと》になる。

右の次第をよく心得て今後は遊芸、歌舞伎、浄瑠璃、踊りの類、すべて芝居同様に人を集めるのは堅く禁止する。右の通りに触れ、もし止めない者があれば用捨なく急度咎《きっととが》を申し付けよ。(『大日本近世史料・市中取締類集・第六六件(三一九)』)

これを受けて、朱書で「天保一三年七月四日」とある町触は、

国々城下や社地などにて江戸・京・大坂より旅稼ぎに出てきた歌舞伎役者を抱え、芝居狂言を催したとのこと。右はその地の風俗を乱すので、今後は決して抱え置いてはならない。三都の狂言座とその他は他国に行って稼ぐことは成らないので、今般の取締りを急度申し渡すので、その意を得て右の者共が罷《まか》り越して芝居の興行をおこな

いたいといってきたならば、其の所に留め置いて最寄の奉行所又は御代官所か領主役場へ連絡し、携えているものも悉《ことごと》く調査して江戸へ一人ずつ呼び出し、村役人共をはじめ一同に厳重に咎を申し付ける。

（『同前書』）

歌舞伎など芝居を総称して「狂言」といっているが、芝居を観ると風儀が悪くなり惰弱して耕作を怠るようになる、だから江戸及び寺社の地で芝居興行を禁止するという趣旨で、具体的な指摘はなく、はなはだ不可解な措置である。

江戸の役者への申し渡しでは、露骨に風俗の悪化を強調している。天保一二年一二月一八日の「申し渡し」は次のようである。呼び出されたのは全部で二〇名である。

堺町専助店　狂言座　勘三郎
同人抱役者　座頭　彦三郎
外一八人

このたび市中風俗が改まったので、
御趣意にあるように、近来は役者共が芝居小屋近辺に居住して、町家の者と同様に交際し、特に三芝居（堺町、葺屋町、木挽町にある芝居の意か＝著者注）の狂言ははなはだ猥らになり、これについて自然に江戸市中へも風俗が押し移り、近来は特別に野《や》鄙《ひ》になり又は時々の流行などは芝居より起こっている。昔はともかくとして、役者を御城下江戸市中に置くことは改革の御趣意に背くことになる。

だいたい役者というのは身分の差別があり、いつとなくその隔《へだ》てがないようになっているが、これは取り締まらなかったからである。

今度、堺町と葺屋町にある狂言座と操芝居やこれに関係のある町家は残らず引き払うよう御命令になった。しかし二百年も土着した土地は離れ難く、いろいろ難儀もあろうかと思うので、相当の御手当を下さることになった。替地については協議して追って沙汰をする。木挽町の芝居の座は火事で類焼したのか大破して普請中と聞くが、これも引き払うよう申し付けたので狂言座のほうでも承知している。ただ木挽町の権之助狂言座は来春に興行するようである。それで狂言の仕組の者や役者達は猥りに素人と立ち交らないように取締り方はよく心得ておけ。

天保の改革により、従来は許可されていた芝居や役者も規制されるようになった。役者が素人である普通の町人と交《まじ》わると悪い風俗がうつるので、いっそのこと芝居小屋を移転させて一箇所に集め、役者の住居も隔離された芝居小屋の周辺のみに限定する。そうすると素人と接触しなくなるはずだ、だから二〇〇年ほど続いて居住していた芝居小屋と役者達は全て立ち退け、という前代未聞の無茶な命令であった。

この申し渡しの七ヶ月ほど後に、三芝居の歌舞伎役者達一同が召し出されて、次のような「申し渡し」がなされた。

一同は猿若町へ引き移り、今後はこの地でのみ居住を許され、他所へ住居してはならない。移転のために元の居住地と猿若町へは幾度も往来しなければならないだろうが、その時は暑さ寒さにかかわらず編笠をかぶって顔を隠し、素人と交わらないようにせよ。

給金については座頭へ一年に五百両を限度として支給し、その他の者は右に准じてそれぞれに割り当てる。すべては町役人に申し付け、座元のいうことに違背してはならない。京や大坂へも同様の通達をするが、三都以外の他の遠国の城下町へ行って狂言を催すことを禁止する。湯治や神仏の参詣などといって役者達が他国を訪れることも禁止する。この申し渡しに違背した者は厳重に処分する。

この天保一三年七月四日付の申し渡しで、どの芝居小屋も猿若町に移転することになった。あたかも伝染病の空気伝染のように、役者と交際すると風儀が悪くなるという考えは、いぜんとして貫かれている。

他国で芝居をおこなった処罰例も、『大日本近世史料・市中取締類集』にある『市中取締之部』に記されている。

谷中仲門前　仁兵衛店
半次郎

この者、在方の芝居並びに歌舞伎役者の取締りについて兼《かね》て御触があり、其の筋にも厳重に申し渡されているのに、宮芝居と称して寺社の境内などで歌舞伎狂言と同様のものを催し、道具の取り建てなどの世話もするのを渡世にしている。上州芝宿の八幡境内において、猿若町一丁目仙助店の団十郎方に同居している福之丞その他の者共で歌舞伎狂言を上演した時にも、共に参加して諸道具や建物の世話をして賃金の配分を受けたことは、不埒につき受け取った賃を没収のうえ三十日の手鎖を命ず。
但し、渡世替をするか又は猿若町の狂言座へのみ出入りすることを許可する。

谷中仲門前　家主　仁兵衛
他　家主　四名

右の者共、旅役者などといい、猿若町の外で歌舞伎狂言を渡世としている者を家に置くことはできないと、かねて其の筋に厳重に申し渡しておいたのに、各々の家に差し置いた。三木蔵やその他の者は宮芝居役者と称し歌舞伎狂言を演じ、その節の諸道具や取り建方の世話をして渡世していたのを知らないといい、殊に家主の善兵衛と当助は、先達と家に置いた梅吉他一名が下総国大木町の地内で歌舞伎狂言を催し、これは役所で吟味中に逃亡した。この者達の行方はわからないという。この者達が上州芝宿の八幡境内で歌舞伎狂言を上演して召し捕られたのを聞いて訴え出たのは不埒であり、一同を急度叱りに処す。

猿若町以外の上演を禁じた一例であり、役者を泊めた家主達も罰せられている。

また、猿若町に移転した芝居関係者や役者が数年にわたって監視されていたことは、後に北町奉行鍋島内匠頭《たくみのかみ》の上申書——実際には配下の同心達が調査したものであるが——からも明白である。

猿若町へ歌舞伎役者を閉じこめ、一般の町民と隔離するというのは異常な措置である。河原者という身分差別も念頭にあったのだろうが、役者の演ずる内容が風俗を乱す、政権の知らないところで流行がつくられることは政権の権威を損ない、ひいては幕府をゆるがすものであると認識したからであろう。

幕府の意のままにならない演劇への危機意識が歌舞伎役者への抑圧になったのだろう。このように娯楽や遊芸への規制は徹底しておこなわれた。

第二章　天保の改革と目明し

一、出版規制

歌舞伎と同様かそれ以上に幕府が抑圧したのは出版である。不特定多数に影響を与える点では演劇よりもはるかに効力があるので、幕府は放置しなかった。

天保九年一二月二五日の町触は、路上での好色本、絵草紙の販売を禁止している。摘発された書物は「板木を削り取り、摺ったものは廃棄させた」（『幕末御触書集成』）とある。完全な出版禁止である。この時の取締りは、それ以前の「改革」より厳しいものであった。

天保の改革の目的は、幕府の権威の回復と経済の再建であった。既に述べたように幕府は強権と物価指定によって目的を達成しようと試みた。この原因は、天保前半期の大飢饉と数年にわたる江戸や大坂をはじめ各地での米価や物価の騰貴、それに怒る民衆の打毀《うちこわ》しや騒動であった。これに対処したのが天保の改革であった。

老中首座の水野忠邦が主導した改革の真の狙いは思想統制であった。個々の政策や措置だけでなく、反対意見を封殺することによって幕府の権威を取り戻そうとした。そのための出版規制である。

封建制度の下では出版の自由はもともと著しく制限されていた。徳川幕府も古くから出版を統制しており、まず一八世紀前半の「享保の改革」の一環として規制が明文化された。猥らな風説、好色本、武家の家柄、権現様（徳川家康）及び徳川家に関する記述が禁止された。一八世紀後半の「寛政の改革」時も、ほぼこれが継承された。しかし天保の改革は従来より一段と厳しいものになった。

まず町触から見てみよう。天保一三年（一八四二）の六月四日に絵草紙掛りの名主一同に対し、錦絵の歌舞伎役者と遊女、女芸者の似顔絵を禁止するように命令したうえで、こう述べる。

近頃は合巻《ごうかん》という絵草紙類の絵柄などを特別に組み合わせ、主に役者の似顔絵や狂言の筋書などを綴って一冊にし、そのうえ表紙や上包みにも彩色し、無益な手数をかけて高価に作り上げている。

今後は仕入れ置いた品も決して売買せず、似顔絵や狂言でなく、忠孝や貞節を題目にした草紙を作り児女の勧善のために役立つようにせよ。表紙や上包みに彩色することは無用である。

新本を発行しようと新しい版木を作った時は町年寄の館市右衛門へ差し出し、検閲を受けるようにせよ。

特に草紙類の綴りは三枚を限度とし、それ以上の枚数を綴った冊子は禁止する。好色本は特に売買を禁止する。

（『幕末御触書集成』）


従来、役者の似顔絵や遊女の絵は禁止されておらず、好色本もさほど厳しく取り締まってはいなかった。これを一変する命令である。

同じ日に北町奉行所へ品川町の名主庄右衛門ら七名が呼び出されて、前述と同じ内容を申し渡され、さらにこの内容を本屋仲間や本を扱う商人に徹底せよと命令された。また奉行所役人の秋山久蔵から、本を扱う者共は半紙竪帳に「承知いたしました」と書き、印を押して七日までに館市右衛門に提出せよ、と命令された。

この二日後の六月六日に、新設された「絵本類改掛り」の役人より、本屋に加えて団扇《うちわ》屋に対しても、禁止された絵柄の品を店頭に並べてはならないと通達された。前述の歌舞伎役者や遊女の似顔を描いた団扇であろう。

思想統制を目的とした露骨な出版規制なのか、同年六月一〇日には、老中水野忠邦が直々に大目付に命令し、江戸市中に触れさせた。その内容は次のようなものである。

一、今後は新刊書は儒書、仏書、神書、医書、歌書にかぎり、異教や妄説を内容とした現在の風俗や人の批判、好色画や好色本を禁止する。

一、他人の家柄や先祖のことを記した新刊は禁止する。どのような新刊書でも、作者と板元の実名と奥書を明記させよ。

一、権現様の御名前を記した本は作ってよいが、権現様の身の上や物語を書いてはいけない。代々の将軍様についても同様である。これに違反した者は町役人から訴え出よ。等閑《なおざり》にしていたならば家主、五人組、名主までも処罰するので、町中に必ず触れるように申し付ける。

幕府に関する考えを、反政府的な「妄説」と判断したならば、いつでも処罰できるという含みのある内容である。また徳川家康や代々の将軍について語ることを、いわば不敬罪として罰するという、為政者にとってははなはだ都合のよい命令である。
これでも規制が不充分と思ったのか、同年の一一月晦日（末日）付で各組の名主に次のような通達がなされた。

今年の六月に一枚刷の絵や合巻の絵草紙類の取締りについて、絵草紙掛りの名主達へ規制をお命じになったが、本屋の商売人には心得違いの者もいて、掛り名主に申告せずに勝手に出版したり、手の込んだ彩色をして高価に売り出している者がいる。今後については次のようにお命じになった。

一、一枚刷の絵は彩色は七度か八度刷を限度として、一枚十六文以上の品は売ってはならない。

一、一枚刷の絵を三枚綴りにして一冊にするのは認めるが、それ以上多い枚数を綴って一冊にするのは認めない。

右は当年六月に仰せ渡されたように、草紙屋、新板の絵、合巻の草紙類など総ての原稿は担当の掛りの名主に提出して承認印をうけ、出版の時に突き合わせて原稿と同じものであることが確認されたら売買してよい。この旨を支配する町々の者に徹底するようにせよ。
団扇屋の仕入れの絵も同様に下絵の絵を絵草紙掛り名主に提出して、認可を受けるようにせよ。
以上のように南北の町奉行所より命令されたので、その筋の商人達へ洩れなく申し伝えよ。

このすぐ後の一二月一一日に「書物絵草紙改掛り」の名主からまたまた細かい命令が出された。出版物の取締りについて、執拗に次々と触れられている。

町々の絵草紙屋へ。店に吊し置いている品々について次のように心得よ。
一、すべて勝敗を争うような内容の絵本は禁止する。
一、一枚絵や団扇絵は十六文以上の品は禁止する。
一、絵本や一枚刷は表題と上袋を共に墨刷にして、彩色してはならない。
一、絵入読本、小冊書物で両面刷のものは、総て下絵の原稿を月番の書物絵草紙改掛りへ提出して差図を受けること。

一、三枚綴り以上の多い枚数の続きものを作ってはならない。

これには十哲、八景、東海道や中仙道の絵図、十二景、七賢人、六芸、六歌仙、角力《すもう》絵などは、今後三枚ずつを提出して一枚ごとに一二三、上中下、天地人、雪月花などとし、例えば十枚絵ならば三枚ずつ三度に分けて差し出し、残りの一枚は一枚絵の扱いとする。四枚以上は禁止されているからである。七、八回刷ったものの売買については改掛りへ申し出て許可を受けよ。

一、子供踊子尽しも三枚ずつに限り、四枚以上一組になる品は前項に準ずる。

一、女絵、大人絵、中人絵は禁止する。但し幼女を描いたものに限り許可する。

一、店に吊し置く場合は上中下の三段にせよ。四枚一組になる品は並べるのを禁止する。

内容まで細かく指定して出版を限定している。なお書物については、同年一二月一八日に別の通達がなされている。こちらは、どのような著述であっても承認を受けて刊行すること、武家が以前に刊行した書物であっても、本屋で売り広めようとするならば板木を差し出して奉行所の許可を得ること、新規の出版は原稿を提示して許可を受けよ、などと記されていた。

こののちも出版の規制は繰り返しおこなわれて、天保一四年（一八四三）五月二五日にも南町奉行所から、「近頃は子供踊りという名目で、歌舞伎や狂言に似た彩色絵が出回っていて、不埒の至りである。今後は団扇絵も含めてこのような絵を作らず、絵柄も訂正して手数のかからぬものにせよ。また、何によらず歌舞伎役者の名前や紋を付けた出版をしてはならない」と通達している。

幾度も繰り返される禁止にもかかわらず、御上に従わない「不心得」な人達がいたことを示したものであろう。

二、彩色禁止

草紙類や書物の出版規制について注目したいのは、町触されるより以前に、町奉行所の与力が出版統制を上申していることである。むろん町奉行やさらに上層部の指示があったからで、実質的な禁止は町触より前におこなわれていたと考えられる。

天保一二年一〇月に北町奉行与力の東條八太夫、中嶋嘉右衛門、松浦栄之助の三名が連名で提出した報告書がある。これには次のように書かれている。

一、合巻、絵草紙、人情本という絵入読本のこと。これは以前の文化元年五月に館市右衛門方で申し渡されて以来、絵草紙類は度々町触にて通知されたが、未だに違反の商売があり不埒の至りである。今後は調査のうえ処罰する。以下に申し渡す。

一、一枚刷の絵草紙は、天正年間以来の武者絵をはじめ紋所、合印、名前など紛らわしいものは決して売買するな。

一、一枚刷絵で和歌を記したり、景色の地名、角力取、歌舞伎役者、遊女の名前などや詞書を記してはならない。

一、彩色刷をした絵本や草紙などが近頃は多く出回っている。今後は絵本や草紙などは墨一色（傍点＝著者）だけで板行《ばんこう》し、色彩を加えてはならない。

右のように心得て触れたことを守り、書物絵草紙改掛りも厳重に調べるので、今後は調査して絶板を命じるものもある。違反した者は厳しく処罰する。

近頃は合巻や絵草紙は特別な絵柄も入れ込み、表紙は彩色し、摺も最上の仕立てである。

人情本は好色や情死を主題にして淫風が甚しくもっての外のことである。掛り名主もいるのに何故そのまま放置しているのか納得がいかない。一般に絵草紙は文化年間の頃までは四、五枚を綴じて一冊にし、五冊ほどで一組にしていたが、その頃は粗末な品であった。近頃は一組にしたのを合巻といって絵にも手を尽し、高価なものになっているが無益なものである。合巻の表紙も彩色している。合巻も人情本も絶板を御命令になっているが当然のことである。

（『大日本近世史料・市中取締類集・第一〇件（一三一）』）

これも禁止行為を具体的に示している。合巻作家の柳亭種彦《りゅうていたねひこ》の『偐紫田舎源氏《にせむらさきいなかげんじ》』（江戸・鶴屋喜右衛門刊）は絵師歌川国貞の華麗なさし絵で庶民に大好評であったが、天保一三年に奢侈禁止、風俗攪乱のため絶板になった。この時の人情本禁止のためであった。

この翌月の一一月にも北町奉行遠山左衛門尉が、「合巻、絵草紙、人情本という絵入読本の事」という見出しの上申書を提出している。前述の三与力の上申書と重複する部分もあるが、さらに具体的な指示も加えられている。

絵草紙類については度々町触で申し渡し、文化元年にも一枚絵草紙類や彩色摺の読本や草紙類の取締りを町年寄へ命令いたしました。

近頃は合巻、絵草紙類は特別に絵柄を組み合わせ、表紙の彩色摺は最上の仕立をいたしております。人情本の小冊子が流行し、滑稽本と称するものは好色や情死を主題にして淫風が甚しく風俗にも関わります。文化年間頃は少ない枚数の絵草紙を一冊にしており、その五冊ぐらいを一組にして合巻と称しておりますが、次第に絵組みなどを工夫して毎年数十篇まで出版しております。

これらは彫刻や摺立《すりたて》にも入念で紙質の良いものを選び全く無用のものを作っております。絵草紙掛りの名主共は職務をおろそかにしていると聞いておりますので、関係者を呼び出して厳しく申し付け、人情本などは板木を取り上げて絶板にしたらよいと思います。

（『同前書・第一一件（一三三）』）

奉行所の探査報告書のなかには、出版規制の観点から浮世絵について記した具体的な記述もある。

浮世絵は絵具の色どりが多く、芝居の役者の似顔絵など厳しく禁止を命じられた結果、目立つような絵は見かけないようになりましたが、浮世絵師の国芳《くによし》と申す者が種々出版いたしました内には、猫の絵を描きましてもやはり役者の似顔絵と認められるものがあり、その他にも特定の役者の名前と断定できないものの、いずれも良く似た役者の似顔絵になっております。

浮世絵師のなかには、以前は豊国と名乗っておりました国貞という者は尊大に構えていて、自分は粗末な絵は描かないと申しております。これらの輩をそのまま放置しておきますと、御改革の趣意が薄れてしまいます。昨年秋頃まではこれらの輩も慎んでおりましたが、近頃になると色を多くした絵が目立つようになりました。

前に述べました国芳も厳しく追及いたしましたが、恐怖することもありません。浮世絵は掛りの名主が出版の際に承認の印を押して、そのまま出版しておりますことに、いささか疑問を抱いております。世話方の役人にも取締り仰せ渡されましたので、掛り名主も規制を強化するようになると思いますが、国芳ら少数の浮世絵師はいぜんとして御上を恐れない様子なので、お取り調べになって下さい。

（『同前書・第二二件（一九三）』）

浮世絵師達の心意気を示している記述である。これについて奉行所では評議したようで、朱書でこのような文章が残されている。

この件は前々から御触に背《そむ》いていることを承知している。武者絵はかまわないが、歌舞伎役者の名前を記さなくても似顔が一致した芝居や狂言の場面を二枚続きの絵にして出版しているのは、取締りの基準を超えないように、掛り名主より制止するように命令したことがあるのか。国芳や豊国という絵師は高額の画工代を受け取っていると聞いている。注文する者がなかったら自然に止むので、特別の御沙汰には及ばない。

猫の絵まで取締りの対象にする、末端の役人による行き過ぎたまでの抑圧である。国芳の規制を潜り抜ける機智と、敢えて規制に反抗する勇気は賞讃すべきであろう。まあ、さすがに猫の絵までは取り締まることができなかったし、庶民は一見しただけで誰が描かれているのか理解したであろう。

出版規制のなかでさらに注目したいのは、色彩に関する規制である。既に町触や市中取締りの引用から「彩色を止めて墨一色にせよ」という通達を紹介したが、奢侈禁止と関連して彩色禁止は多方面にわたって実施された。例えば天保一二年一一月二九日の町触は、凧《たこ》について「近頃は絵柄や彩色などで無益に手の込んだものを作り、高値に売っている者もあると聞く。このような品を決して作ってはならない」（『幕末御触集成』）とある。天保一三年三月一七日には、「町中で灸治《きゅうじ》の渡世をしている者が、家の前や路地口などへ男女の浮世絵の看板を出している。これは風俗にもかかわるので差し止める」（『同前書』）とされている。

彩色してあれば風景や人物が一段と明瞭になるのだが、絵双六も彩色禁止になり墨摺一色に指定された。絵師や摺師の努力により、墨の濃淡によって巧みに作品が作られたが、やはり彩色でないと興味を惹く作品が作れなかった。かるたも彩色が禁止された。彩色されない花札がどのようなものであったか、想像しただけで遊び意欲が削がれるであろう。彩色禁止は暮しの潤いを奪い去った。

三、賭博禁止

賭博について言及した天保一〇年一二月五日の町触は、貸店舗に関する規定である。一見すると賭博とは無関係に思えるが内容は決してそうではない。文面は、「賭博、三笠附《みかさづけ》をした者がいたならば、その地域を担当している名主、家を貸した家主、該当する場所の五人組の代表、その家の両隣りの者達を規定通りに処罰する。その通りの家並の者も御定めのように三貫文を過料とする」(『幕末御触書集成』)。

ここでいう賭博は賽《さいころ》賭博とかるた賭博で、家を借りた者がそこで賭博をすることに加え、借りた家で胴元となって賭場を開くことをも禁止したのであろう。

三笠附はもともと俳句の上の句や下の句にどのような句を附けるかを当てる賭博から変化したもので、その名残りから「笠附」という名称であるが、実際は俳句とは異なる遊びである。附句の初めの文字を当てることで、さらに賭事として変化し、三行に分けて書かれたいろはの各文字に賭ける「当てもの」の一種であり、江戸期後半に大流行した。ここでは家を借りた者が、三笠附の賭紙を作って売子を使う胴元になることを禁じている。

それにしても処罰の対象が広範なことに驚かされる。賭博をしたか胴元になった家の並びと向い側の家主、店（家）を貸した者は過料、家並の者は一人につき三貫文という前例のない重い処罰である。為政者がこのような罰則を決めねばならないほど、賭博が日常化していたのだろう。


江戸時代の賭博というと大抵の人達が思い浮かべるのは、上半身裸の汗臭い男達が六、七人ずつ向い合って「丁」「半」と叫びあっている光景であろう。テレビ・ドラマや映画は常にこのような場面のみを放映している。

このような連中はごく僅かであった。ほとんどの場合、賭博は普通の民家でおこなわれ、時々は水茶屋や髪結床のような人の集まる場所で催された。きっかけも、たまたま近所の人達が集まった時や酒席であり、なかには売掛金を集金に行った時に居合わせた人達と一緒にというのもある。罪悪感もなく、気晴しやちょっとした手慰みであった。

賭博はつき合いの手段であり社交の道具であった。「ばくちしらぬ者は野暮《やぼ》と云ふ」（原盛和『北里戯場隣の疝気』）とあるのは、おそらくかかるた賭博のことであろう。賭博は現在とはかなり異なった感覚で楽しまれていた。

南町奉行所同心の小倉朝五郎は、天保一三年正月に市中の風俗取締りの上申書を提出している。

一、博奕（賭博）はこれまでもたびたび取調べを御命令になりましたので、博徒《ばくと》共を召し捕りましたが一向に止むことはなく、これは市中取締りの第一の問題点であります。博奕は自分の生業を等閑にし、負けて（困窮して）盗みをする者も多くなりますので、このうえは猶《なお》も厳重に探索して博奕犯を召し捕るようにいたします。
近頃は武家屋敷の中間部屋などに集まり博奕をしていると聞いております。武家屋敷には捕方の役人が容易に踏み込みができませんので、（それを見越して）盛んになっております。武家方へ博奕の取締りを厳重にするようにとの御沙汰をお願いいたします。

一、手目《しゆもく》博奕（ごまかしの賭博＝著者注）をする者が近来は多くなり、俗に用師という者は博奕の座に集まる（特定の者達）と申し合わせて、愚昧の者を巧みに欺《あざむ》いております。

水茶屋などで博奕をする者は一味を引き連れて行き、いつわりの手法で博奕をして目指す相手から金銭をむさぼり取っております。しかし欺かれた者もいったんは博奕の座に加わっておりますので、表面に現われると自分も入牢を命じられるのではないかと思い込み、そのまま放置している者や、大金を費してしまったので帰宅することもできず、余儀なく欠落（逃亡）した者もございます。

このような場合が多く、被害者が御上に申し出ませんので、悪者共は益々増長いたしております。

（『市中取締之部・第三件（三六）』）

小倉の認識では、天保の改革の「第一の問題」は賭博取締りの強化であった。小倉はこの他にも賭博について述べていて、「町々の往還や道路上や空地で、大人や子供が交りあってキズという銭打ちをしていて風儀が宜しくありません」（『同前書』）と報告している。
同じ南町奉行所の同心小林藤太郎も市中取締りの報告として、
路上で菓子を売っている者で、俗に「どっこい〳〵」という竹箆《たけべら》を廻すか、又はくじで勝負をさせている者がございます。これは小児に賭博を教えることになり、風儀が宜しくありません。これまでも度々禁止を申し渡しておりましたのに、未だおこなっております。今後は見つけ次第に逮捕いたします。
またこの他に「水浸し」といって白い紙に明礬《みようばん》で字を書いておき、その字を当てる勝負をいたしている者がございます。白紙を水に漬けますと文字が浮かび上がる仕組みでございます。これも賭博と同じなので見つけ次第に逮捕いたします。

（『同前書・同（三八）』）

このように述べている。水浸しはこの頃考案された賭博である。
翌月の北町奉行所同心・宍戸郷蔵の市中取締りの報告書は、賭博について次のように述べている。

下俗に道楽者と唱え、賭事のみを営業し、又は内会師と称して表向の家業はなく、内証で賭事を好む者がありますが、この風儀が押し移って若者などで不埒なおこないをするものがあり、親から勘当されたり長年にわたって続いていた家業を失うことになりますので、賭博を一段と厳しく取り締まるようにお命じになって下さい。

このように賭博の害悪を強調している。むろん、これらの同心達は富くじの禁止についても言及しているが、前述の通りであり、重複を避けるため富くじについては省略する。

このころ賭博が広くおこなわれていたことは、『御仕置例類集』からも知ることができる。例えば、「本石町四丁目の家主利助が、店子の又五郎の家で同人と松島町の安兵衛他一名と、御法度に背き、三、四銭賭けのめくりかるたをして一同は召し取られた」（天保一三年八月七日御渡し）の件や、寺の住職が遊所に行ってめくりかるたを打って検挙された例、表坊主の春竹が木挽町五丁目の多助の妻と他一名とめくりかるたをして罰せられた例などがある。

めくりかるたは一八世紀中頃から流行したかるたの遊戯法で「手に持った札以外に中央に裏返しに置いた札を、競技者が順にめくっていくので「めくり」と称ばれるようになった」（拙著『日本遊戯史』）。天保年間の検挙例からみると、かるた賭博で最も多いのがめくりかるたで、当時の流行を推定できる。

さいころ賭博もいぜんとして人気が高く、修験道の僧達が賽《さい》賭《と》博《ばく》で処罰されたり、町家で「源兵衛他四人が筒取りをして、銭二百文より四百五十文迄の取引にて賽賭博をいたし」（『御仕置例類集』）、浅草無宿の兼五郎が「無宿躰のもの八、九人が手合に加わり、廻り筒にて五、六十銭賭の賽賭博をいたし」（『同前書』）などの例も記されている。注目したいのは、かるた賭博もさいころ賭博も、特別な賭場ではなく普通の民家でおこなわれ、商人、職人、主婦などが気軽に参加していたことである。

賭博は従来からの方法だけでなく、常に目新しいものや興味を惹くような方法が考案されてきた。南町奉行所与力の仁杉八右衛門と中村次郎八の連名の報告書はこのように述べている。取り締りの強化を上申したものである。

当春以来、辻宝引や賭事などが専ら流行し、市中の往来やその他の盛り場には特に賭事が多くなっております。玉子吹きといって砂を盛り上げた上に鶏卵を並べるか又は上から鶏卵を吊り下げ、それを吹矢で吹いて当たった場合は鶏卵を景品として与えております。

また、張抜きの小さい人形類を的にして並べ、碁石を投げて当てるか手遊びの豆鉄砲で打ち、当たると景品として人形か銭を与え、或いは酒や食物を賭けている者もあります。吹矢や碁石は一回の遊びが四文から八文ぐらいであります。もとより往来の行きがかりの遊びで、代金も高価ではありませんが、勝負を争い銭を賭けるようになり風儀も宜しくありません。

（『市中取締之部・第二四件（二〇〇）』）

この他にも町触などに挙げられているもので、天保年間の賭博として投扇興《とうせんきょう》、置いた銭に少し離れた所から銭を投げて当てる六道《ろくど》、穴一（これも同様の穴に銭などを投げ入れる賭博）、歌舞伎役者の紋を六つ描いた「当てもの」の紋附（紋紙棒引、ひっぺがしともいう）、頼母子《たのもし》に類似した一回だけの入札で終わる取退無尽《とりのきむじん》など、多彩な賭博がおこなわれていた。天保の改革では賭博取締りを一段と厳しくしたため、目明しもこれに関与する機会がさらに多くなった。

四、名主と公事人

これまで賭博の禁止など多くの取締りの例を挙げたが、これを住民に通知していたのが名主である。

江戸の町は自治組織が発達していて、名主はその要とされる人物であった。天保年間には江戸市中は二一組に分かれ、その他に品川と吉原があり、合計して二三組であった。それぞれの組は名主が支配し、そのため行政が円滑に進まない時には名主の責任とされた。

名主の町役人としての公的な仕事は多岐にわたり、町触の伝達、人別改め、火の元用心、訴訟事件の仲裁、祭礼の実施、家屋の譲渡や売買の確認、町財政の監督などで、他に奉行所や町年寄の指示によるさまざまな行動があった。

奉行所の与力や同心達は、名主を一段地位の低い役人と見ていたためか、名主に対するさまざまな不満を上申している。天保一二年一一月の北町奉行所の与力三名の上申書には、町触を徹底するよう申し付けたのに、名主達は町触はどうせ当座限りのもので、そのうち中止になるとして町人への通知が充分でなかったと述べられている。そして、名主達のなかには、役目に精を出しても当然と思われて評価されないと思いこみ、役目をおろそかにして自分の趣味を優先させて茶の湯や芸能に耽り、その結果借財がかさんでいる者もいる、家主と組んで偽の沽券状《こけんじょう》（街屋敷の売買時に作成される文書）を作って金子を借りる者や、ついには欠落した者もある、御上の御用で精勤すると、何か下心があるのかと噂をされて迷惑している者もある、精勤者を表彰する規定を作ってほしい、などが述べられている。

天保一三年正月の同心小倉朝五郎の報告書にも名主の怠慢を指摘している部分があり、奉行所の命令を守らず仮病を申し立て、代りの者に任せている、町の費用で無益な会合をして飲食し、自分達だけで楽しんでいる、訴訟の仲裁を面倒だと他人に任せている等を記している。

同じ時期に、同心小林藤太郎は名主についてこのように報告している。

近頃は名主達も風儀が悪くなり、自宅の自分の住居部分を広げて、玄関や御役目用の居間のほうははなはだ手狭に普請をしております。そのために立合勘定や廻り方の調べものも狭いためにできないようになっております。それで立合勘定や調べものは水茶屋などの一室を借りておこなうようになり、無益な茶代を出費しなければならず、町法にも背いております。

(『市中取締之部・第三件（三九）』)

名主は訴訟の仲裁も役目の一つと述べたが、その際、多くの事務手続きは名主宅でおこなうのが慣例になっていた。「立合勘定」とは民事訴訟に関する計算などを指すのかどうか不明であるが、小林藤太郎が「訴訟など願人と相手方、つまり原告も被告も双方の名主方で準備をする」（『同前書』）と述べているように、報告書の作成や参考資料の閲覧も名主宅でおこない、その他の公用の記録や文書の起草も含まれていたのであろう。「廻り方」はいうまでもなく市中巡回の同心のことである。

煩雑な書面の作成は名主宅でおこなっていた。にもかかわらず、名主私用の居間などを広げて、公用に使う部屋を狭くして使えないようにした、と同心は報告している。名主にしてみれば公用と称して常に自宅に出入りされるのを嫌ったのかもしれない。

名主のほか、訴訟人についても奉行所の関心は高く、同心の市中見廻りの際に公事人（訴訟人）の動向について報告することを求めている。北町奉行所同心の岡本三平は、「訴訟をする者で、遠方に居住しているのに、江戸市中の家主と馴れあって町内の人別帳に名前を書き入れている者がいるが、これでは名主も確認できない場合もあり、訴訟関係者の住所が紛らわしい、ひいては人別帳の信憑性にもかかわる」と述べている。

北町奉行所同心の宍戸郷蔵は公事人について次のように報告している。

下俗に公事師と呼ばれている者共がおります。訴訟について町人から頼まれますと、相手方にも仲間内の公事師を付け、訴訟をほどよく取り扱って、訴訟の種類によって申し立ての書類を作り、相手側からの答弁を見て、これは容易に片付くものではないと偽りをいって、さらに書類を作らねばならないなどとして訴訟人から費用の金をむさぼり取っています。

とにかく訴訟を長引かせて、不筋なので解決は難しいと訴訟人に吹き込んでおります。さらにはその訴訟の掛りの役人や付き添っている町役人に、偽り（公事師にとって都合の悪いこと）を申し立てるなら御駕籠訴（直訴）や捨訴（投書）をすると脅しております。

公事師は他の正業はなく、訴訟をする者共に関わって渡世をしております。御役所の取り扱いには不審があるなどと噂を流して訴訟人をたぶらかし、結局公事師が加わると費用もかさむことになります。善悪の趣旨を町役人が訴訟を申し立てている者に申し聞かせても、訴訟人は最初から公事師のいい分を真実と思い込み、役人のいうことを信用しません。これは取締り上も大事なこと（大問題）であります。

諸々の商人共の売掛金や貸金が回収できない件についても、公事師が加わると簡単に談合で内済することもできなくなり、訴訟に持ち込むようになります。町役人が談合で解決しようとしても、公事師のいい分を聞いた当事者が聞き入れず、そのため訴訟に及ぶことが近年は多くなっております。

長い引用で恐縮であるが、町奉行所は訴訟についても大きな関心を抱いていたことがわかる。名主が関連する制度であったことも注意して見ていかなければならない。

江戸時代には現在のような資格を持つ弁護士は存在しなかった。しかし、いつの時代でも訴訟には煩雑な手続きがあり、幾種類もの書類を作成しなければならなかった。御上の指定した書式もあったのだろう。素人では書類の提出が難しく、そこに公事師のつけ込む余地があった。公事師のなかには偽書を作成する者もあると同心は指摘している。

公事師の取締りについて、宍戸郷蔵は続けて幾つもの問題点を挙げている、まず、馬喰町や小伝馬町の旅人宿は、地方から訴訟のために江戸へ出てきた者がよく泊まり、いわば公事宿のようになっていたが、宿屋の亭主や番頭のなかには公事師と組んで、訴訟人の滞在を長引かす者があると述べている。公事師だけでなく近在の村の、訴訟を体験して実務や訴訟に詳しくなった百姓のなかにも、公事師同様の悪質な者がいるという。

宍戸の報告書の原文ははなはだまわりくどい説明なので、要約するとこのようになる。

馬喰町や小伝馬町の宿屋のすぐそばに住んでいて、常に旅人のような服装をして、在方から訴訟に出てきている旅人を見つけると自分も訴訟で出てきたと懇意な宿屋に連れ込んで同宿する。訴訟についてさまざまな知恵をつけ、町役人が和解するようにすすめても承知せず、裁判に持ち込むことを主張するようになる。滞在が長引くと宿屋のもうけは多くなり、公事師達は裁判になると費用がかさむと偽って旅人やその在方から金を送らせて貪《むさぼ》り取る。訴訟のため江戸に来た者で身上を痛めつけられる者が多いので、公事出入で不埒な者を取り締まってほしい。

町触も公事関係の同じような文面が繰り返されている。天保九年九月一三日の「口達触」は次のようである。

公事出入、吟味書の引合（参考人引見のこと）で両奉行所に罷《まか》り出た者は、腰掛け、敷物、茶などを御役所で用いるが、一切（役所から）差し出してはならない。弁当を持参している者も飯、香の物、味噌の他は堅く禁じる。たとえば附き添っている町役人への振舞いとしての弁当も同様である。寒い夜であっても酒は堅く禁止する。

腰掛けの予約は本来質素なものであるが、次第に弛《ゆる》んできて弁当などは仕出し茶屋より取り寄せ、又は内々で酒も用いている。引き払う時には帰り支度と称して、料理茶屋或いは鰻屋に立ち寄って町役人に振る舞っている。それで公事をした者は費用がかかると困っている。不埒なことである。

今後は腰掛けでの酒はもちろんのこと、茶屋より弁当を取ることを禁じる。名主共もなるべく自身で公事に出て、費用がかからぬようにせよ。

出訴の際は公事に慣れた者を代りに頼むので、不正の筋もあると聞く。不埒なことである。当人が病気で親類や召仕《めしつかい》などを代りに出訴するのは致し方がないが、そのような者に代わって全くの他人に依頼することは決してしてはならない。俗に公事師という者を町役人は糺《ただ》さねばならない。

町々のうちで出入長屋と異名する場所があり、公事に慣れた者がここに借屋して元の届け出ている住所に住んでいない。人別帳が紛らわしく不埒である。町々の名主は急度改めよ。

(『幕末御触書集成』)

公事のことのさまざまな問題も、結局は名主に責任があると述べている。町触の最初の部分は、訴訟する者が町役人だけでなく奉行所役人も接待して、評議を少しでも有利にしようと試みたのかと読めるが、やや不明である。

いずれにせよ町奉行所は公事にも目を配らねばならず、取り締まる対象は多岐にわたっていた。以上も世相の一端であるが、ここでは江戸の自治を担っている名主が疲弊していたことが読み取れる。

五、その他の規制

奉行所の取締りは多岐にわたると述べたが、とりわけ天保の改革時には、日常生活にわたる瑣末なことまでも取締りの対象になった。これらは次章に述べる目明しの活動とも関連するので、以下、町触や同心の報告書などから列挙する。

身分や階層に関するものとしては、公家や寺社について、「宮方や寺方は貸金の取り立てに不審な者を雇っている。弁舌の優れた者を家来にして、これは宮方や寺方の役職者も諒解した上で帯刀を許している。このような者が貸金の取り立てに出向き、貸金の回収時や返済ができなくて証文を書き替えて返済期限を延ばす時に、礼金をむさぼり取っております。借りた者が欠落すると家主や五人組の者に権高《けんだか》に掛け合い、脅して不道理を主張いたしますので、町人は迷惑をしております。

また、寺社に立ち寄った時に境内の茶店で休んだ時には、腰掛け代や茶代として一人当り二十四文という高額を取り、弁当を頼むと一人前六十四文という高額であります。これらを改めるため寺社奉行にお伝え下さい」。

別の項目では、「表坊主の行状がよくありません。諸家に手広く立ち入って贈物をうけ驕慢になっております。小身の者へは失礼な振舞いをして大身の者へは取り入ろうとしています。身分を顧みずぜいたくな諸道具を用い男女を召し使っています。諸家が初めて御上への御目見《おめみ》えが叶ったり、家督を相続した祝事の席には、招かれていないのに子供や親類の者を引きつれて祝宴に臨み、料理や席順にも口出しして諸家が迷惑しております」。

『市中取締類集』には尼僧についても取り締まっている記事がある。

尼僧が庵主と称して弟子をとるのを禁止する。困窮のため口減らしとして無理に剃髪して尼僧の弟子にしたり、身寄りのない幼年の者を尼僧の養子にしているが、実の親が判明している者には幼年の者を引き取らせよ。

市中の所々では比丘尼《びくに》（女性の僧）が店を借り、幼少の剃髪した僧形の者を四、五人か七、八人を抱え置いて市中に銭貰《ぜにもらい》に行かせている。比丘尼自身は大酒を飲み、魚肉を喰いぜいたくをしているのに、貰いの少ない幼女達を懲《こ》らしめのために折檻している。僧の身分として極悪なので寺社奉行にお伝え下さい。

別の町触は、「山伏に紛らわしい風態で、大造りの梵天像を担ぎ大勢で町々を持ち歩き、家々の門に幣を差して初穂料を強要している。さらに初穂料が少ないと難儀を申しかけて口論に及んでいる。神事にことよせ出銭を強要するのを禁止する」とある。これと同様な町触もあり、

御開帳や御入仏の附添いと称して大勢が集まり、大幟《おおのぼり》を立て花出しを付ける異様な風態で練り歩き、迎えの者も羅紗《らしゃ》や天鵞絨《びろうど》の幟を立て派手な服装で歓声を挙げることを禁止する。木魚講、富士講、題目講などと称して大勢が集まり、巨大な木魚を持

ち歩いてはならない。

葬式はいくら有徳の者が亡くなったからといって、寺まで大勢で附き添うのは派手であり、身分不相応な葬式をしてはならない。読経する僧は有徳の者の葬式であっても十人までとし、墓碑は台石を含めて高さ四尺までとせよ。戒名に院号や居士号を付けてはならない。

(『江戸町触集成』)


と規定している。

武家の奉公人に対する町触もある。


武家奉公の足軽や中間などが商店で無銭飲食をしたり、ささいなことに因縁をつけて金銭をねだったりして営業を妨害している。なかには善良な町人を無理に勤め先の武家屋敷に連れ込んで乱暴する場合もある。

与力や武家の厄介人あるいは武家の親類と称して市中で喧嘩を吹きかけたり、武家の権威を笠にきて金銭を無理に町人に貸し付けて高利を得る者など町家に迷惑をかけている。これらを厳しく取り締まると共に、奉行所から武家方へも注意するようにお願いしたい。（『同前書』）

職業に関連した規制も幾つかある。

火消人足の頭分の者は、町に不当な支出を強要しております。一番組の頭取は木町三丁目の「亀の屋」という水茶屋を抱え、二番組頭取は同町三丁目の「寿」という水茶屋で時々寄り合い、書役と定使いを抱え置いて、これらの者の費用として一ヶ月に一つの組ごとに五両から七両かかるといって町に費用を支出するように要求しております。一番組や二番組だけでなく、他の組も同様に町に申し掛けております。もし費用を支出しないのなら、火事の時に出動しないと脅しております。頭取のなかには妾を置き、驕《おごり》が長じておりますが、家主共も人足共も威勢を恐れ、困惑いたしております。

また火消人足達も商家に迷惑をかけております。商人が土蔵や家を新築したり、新装開店の看板を出すと、火消人足共が大勢集って祝儀を強要いたします。少しの道造りや補修、下水浚《どぶ》いをしても人足共が難題を吹きかけております。これらの人足共の取締りを一層厳しくするよう御命令下さい。

（『同前書』）

火事の多い江戸では火消人足やその頭分が威張っていたのであろう。湯屋への規制も繰り返された。

湯屋を営んでいる者は新規に薬湯を造ってはならない。深夜まで薬湯、塩風呂、蒸風呂を焚いているが禁止する。前々から触れられているように、男女の混浴を禁止しているのに改められていない。浴槽が狭いので男女を隔てることができないと言い訳をしているが、男女を別々の日にして混浴を避けよ。

（『同前書』）

困窮して幼女を比丘尼に売るような例を見ると、江戸は繁栄しているといってもその裏面には貧しくて困っている人達も大勢いたのであろう。町触や同心の監視の主眼はやはり奢侈禁止と風俗矯正にあったので、繰り返し同様の記述が多い。

例えば、「石灯籠《いしどうろう》、石手水鉢《いしちょうずばち》、踏段、庭石などに無益の人力や費用をかけ、莫大な金額になっているのを禁止する。石灯籠は十両の品を限度としてそれ以上のぜいたくは認めない。庭石やその他のものも十両以上は禁止する。瀬戸物で井桁や灯籠類を造ることも売買も禁止する」。

「高値の鉢植物の売買を停止したが、いよいよ堅く守れ。金三両以上の品は決して売買しないようにと触れたが、その後も植木屋や素人共が高値の鉢植を売買するために集会をしている。近来は小万年青《こおもと》が流行し、奇品に至っては格別の高値で取引している」。

「市中の飼鳥屋共は小鳥を高値で売買していると聞く。唐鳥は元値の相場があるが、倭鳥は価格の目当てもなく、飼付や養育に手数がかかるといって、希望する者には格別の高値で商いをしている。今後飼鳥屋共は是迄《これまで》の値段でなく、事実の元値に売得分をたして正路の商いをせよ」。

　このように高価な品物やぜいたくを禁止している。風俗についても、

「軽き者共は身体に彫物をして着色した絵や文字を入れている。若者はこれを伊達《だて》と思っているが、風儀よろしくないので止めよ。鳶人足《とびにんそく》や駕籠舁《かごかき》のなかには彫物を自慢にしてわざと見えるようにしたり、彫物のない者は仲間に入れない場合もあると聞くが、決して彫物を入れてはならない」。

「川筋往来の舟ですだれを下ろし、河岸や橋の間につないで男女の密会の場として猥らな

おこないをしたり、賭場として利用している。寒気の季節であってもすだれを常に巻き上げておけ」。

同心の報告書のなかには子守女の行状について述べたものもあり、「寄合辻番所には武家や町家の子守女や乳母などが集まり、縁側に寝転んでおります。そのため武家奉公の門番や中間共が集ってきて雑談をしたり、次第に狂い遊びをする者もいます。さらには密通をして終《つい》には欠落する者も出てきたり、飯盛女として売られる者もあります。辻番所の規制を厳しくすると共に、武家にも関連しますので奉行所より武家方へ御申し伝えて下さい」というのがみえる。

他にもこまごました規制があり、面体を隠した頭巾の着用禁止といった、現代の我々から見ると合点のいかぬ禁令もある。同じ禁令が繰り返されるところから、容易に徹底しなかったことがわかる。

同心の報告は目明しから得た情報であろう。それにしても現代の人々と心情が酷似しているところもあって、天保年間の人達に親近感をいだく読者も多いであろう。

第三章　目明しの実態

一、目明しの始まり

前述したように、江戸の治安維持体制は、町奉行の下に与力・同心がおり、目明しは同心の監督のもと、犯罪捜査等の業務にあたった。現代のテレビ・ドラマなどでは、警察官が退職して民間の警備会社を始めたり、訳ありの中途退職をした警官が警備会社に就職する話が多い。困った時には古巣の刑事に相談して助言を得たりする。

目明しは個人営業の警備会社に似ているようであるが、根本的な違いがある。元犯罪者である場合が多いのである。

目明しに関する記述は、江戸期の刑事事件や風俗取締りの記録に数多くみえる。寛文一一年（一六七一）七月八日に捕えられた次兵衛という者は、「夜前に田所町の四郎兵衛店の五郎兵衛方に忍び込み、寝ていた七兵衛に自分は目明しだと偽りをいい、脇差しを盗んだ。その罰で江戸日本橋より二十里近辺以外に追放になった」（『御仕置裁許状』）。

延宝八年（一六八〇）一〇月に処罰された「目明しのなんひん四郎右衛門」、天和三年

（一六八三）一〇月の「ちょっほり五兵衛」、貞享三年（一六八六）五月一三日に薩摩に流罪になった平右衛門、翌年に処罰された「こぼ太兵衛」、元禄三年（一六九〇）六月三日に、飛騨守の目明しと名乗った赤にし孫左衛門は、金一両をねだって暴れたとして逮捕され、隠岐島へ流罪になっている。

これらの者達はいずれも目明しと自称して強請《ゆすり》などをしているが、いずれにせよ一七世紀後半には「目明し」という名称は広く知られていたのであろう。「目明しになる最初のきっかけが、自らが捕えられた時や、入牢中に、他人の犯罪を訴人することだった」（塚田孝「近世の刑罰」）とされ、訴人した犯罪者は減刑されたり特赦されたりしている。幕府は犯罪捜査に役立つとして、これらの者達を目明しとして採用した。

元は犯罪人であった目明しの弊害はすぐに表われた。特赦や刑期が短縮されて出所した目明しは本性を隠すことはなかった。天和二年（一六八二）一月一〇日付の江戸町触には、「目明し首代《くびだい》の者、町中にて理不尽なるねだりがましき事を申し掛け、暴れ候はば、早々番所へ召連れ参るべく候事」（『正宝事録』）とある。

目明しという呼称のほか、このように首代とも表現されていた。自分の罪を軽減してもらうために、代りに他人を訴えて自分の首をつなげるという意味の俗称で、目明しと同じ意味である。

同年六月の町触は、「首代とも向後取り放ち候あいだ、首代の由申してねだり候は、、早速番所へ連れ参るべく候」と一月と似た内容であるが、首代達を釈放するので注意するようにと、奉行所自身、この連中は犯罪をすると予見しているようである。

享保二年（一七一七）六月の町触は次のように書かれている。現代文になおすと、

前々より触れているように、町方で町奉行所の組の者あるいはその家来などと偽るか又は目明し役人などといって、ねだり事をする者が今もあると聞いている。三番所（当時は町奉行所が三ヶ所あったのでこのように略称した＝著者注）には目明しは一人もいない。右の類《たぐい》の者があれば、ただちに月番の番所へ召し連れるよう申し付ける。

しかし、右の類の者が不法な行為をしても、町内の者達は騒ぎになるのを嫌って番所へ訴えることもなく、内々で事を済ます場合があるようなので、これは不届なことである。今後は何者であっても右の類の者はもちろんのこと、実際に町奉行所の組の

者やその家来であっても、ねだりがましいことをおこない、時によらず金銭を借りたいという者があれば、早速に召し捕って月番の番所に訴え出るようにせよ。もし内々で事を済まそうとする者があり、後日にそれがわかったならば、当人だけでなくその家主や五人組及び町の名主までも必ず取り調べて処罰する。このことを町中に触れるものである。

このように町奉行所より御命令があったので、必ずお守りいたします。

六月二十八日　　　　　　　　　　　町年寄三人

町奉行所は目明しを採用していないから、目明しは一人もいない、という公式の声明である。目明しは町民に迷惑をかけているので、このような弁明をしたのであろう。翌年の五月にもほぼ同文の「目明し役人などと称して、ねだりをする者」は捕えて奉行所に連行せよという町触が出されている。

享保四年（一七一九）六月の町触は、さらにこのように書かれている。

火附盗賊改方に目明しはいない。しかし偽目明し風の者があり、町中で暴れるのは不届なことである。それで今度は右のような者の御仕置を定められた。今後は町中で目明し風の者があれば、捕えてただちに番所へ訴え出るようにせよ。

火附盗賊改方でも同心達が手先として目明しを使っていたが、内部からも反対の意見があり、町民からも迷惑と訴えられていたので町奉行所と同様に目明しを使っていないといわざるを得なかった。表面上は目明しはいないことになっているので、実際に使用している目明しがあっても「にせ目明し」「目明し様の風体の者」としている。

享保一一年（一七二六）の町触にも、「七年前の五月に触れたように、目明しというものは町奉行所にないので、この趣旨を心得ておけ。今後も「目明し役人」などと偽って品物を取ったり、ねだりがましいことをいった者があれば召し捕って、早速に月番の奉行所へ訴え出よ」（『正宝事録』）とある。即ち一時的でなく継続して、目明しを採用していないと明言している。

しかし江戸市中では、目明しと自称して強請《ゆすり》をする者があとを絶たなかった。明和七年（一七七〇）三月四日の町触でも、町奉行所の組の者やその家来と偽って物取りやねだりをする者がある、と指摘したうえで、「召し捕ると留置費用は町の出費になる。奉行所の関係者というが、もし本当なら難しいことになるので、留置せずに専らなだめて帰ってもらうようにしていると聞く。不埒なことである」としている。

町では奉行所手先の本物の目明しが存在するのを知っていたので、たとえ奉行所が「にせ目明し」と説明していても、本物か偽者かわからない者を捕えると、後で厄介なことになるのは明らかなので、ゆすりがあっても「なだめる」方針だったのだろう。

天明七年（一七八七）九月の「老中達書《たつしがき》」には、「近頃は役人の家来と称して、なんの理由もないのに通行人や町人の姓名を糺し、あれこれ権威を振りまわすものがいると聞く」とあり、寛政三年（一七九一）三月の「老中達書」にも同様の通達がある。これらは「偽目明し」の可能性が大きい。

同年一二月には、このような通達をしても一向に成果があがらないので、「役人の家来」と称して悪事を働くものを召し捕るか、訴え出た者には褒美を与えるとして、取締りの実施を促している。

享和元年（一八〇一）五月には、町奉行所が「捕物がある時に岡引《おかひき》などを遣《つか》わしてはならない」という題の通達を出している。

すべて捕物がある時に、目明しや岡引などという無宿者や追放になった者を捕物の案内や手先に使ってはならない。これは以前からの御命令であり、誰もが以前より心得ている筈なのに、近頃は無宿者や追放の罰を受けたのに立ち戻った者を手先に使った捕物があると聞く。どういうことなのか。手附や手代などを捕物に派遣したり、右のような者を手先に使ったりしてはならないことを再び申し聞かせておけ。

(『徳川時代警察沿革誌』)

享和年間に至っても、町奉行所にはいないはずの目明しや岡引の活動は連綿として続けられていた。明らかに制度化されていたのであろう。目明しと同義の岡引(又は岡っ引き)という名称は、いわば隠語のように使われたようだが、これは公式文書に岡引と記されたかなり早い時期の例といえる。

『御仕置例類集』には、目明し(又は岡引)のこととみなされる記事が幾つもある。一例として挙げると、天保元年(一八三〇)に、江戸十里四方追放の判決が下った岩吉という男について、火附盗賊改の永田与左衛門伺いの「南八丁堀無宿岩次郎こと岩吉、御構場《おかまいば》所《しょ》(罰に伴い立入り禁止にされた場所)に立ち入り、その他悪業をいたした一件」という表題の判決文である。この冒頭に書かれている岩吉の説明として、「この者は先日、長吉に捕縄をかけ、自身番屋に連行して役人の差図をうけ、町役人に長吉を預けた」と書かれている。犯罪容疑のある者に縄をかけるのは、奉行所同心の指示がないと不可能である。本書の初めの部分で「捕縄は貸与される」と述べたが、普通の町民が持っているものではない。役人と町役人とは区別して書かれており、はじめの役人は奉行所の役人のことで、岩吉は役人の差図を受ける立場の者であった。したがって岩吉が目明しであることは明らかである。

岩吉の今回の罪は、「江戸払いになっていたのに江戸に戻り、盗みをしたり六、七人の者と賽賭博をした。賭博に勝って銀の髪差しを二本持っていた」というものである。これ以前にどのような罪を犯したのか不明であるが、目明しとして働いていた際の罪状により、江戸払いになったのは明らかである。つまり、かつての犯罪者を目明しとして使っていたことに間違いない。ただし判決文には目明しとも岡っ引とも一切書かれていない。ただの無宿者である。

同様の例は他にもある。天保六年（一八三五）に火附盗賊改の柴田七左衛門伺いの「下総無宿で入墨の鉄蔵が御構場所へ立ち入り、博奕をした一件」で処罰された鉄蔵である。

判決文によると、

鉄蔵は先日、盗みを働き、役人の御供をしていると偽りをいっていた無宿者を捕えて縄をかけ、自身番屋へ連行して預けた。鉄蔵は以前にも賭博の座に加わって、勝って盗品とは知りながら衣類を受けとった。これが露顕して逮捕され、入墨の刑を受け江戸より追放を申し渡された。それにもかかわらず、禁止地域の江戸に戻り賭博をおこなった。敲《たたき》と重追放を申し渡す。

「役人の御供をしている」という者は目明しを指す。捕えて縄をかけて自身番屋へ連行することができたのは、鉄蔵も目明しだったからである。目明しが目明しを捕まえたことになるが、捕えられた目明しは盗みをしており、捕まえた鉄蔵も以前に罪を犯して入墨されて追放になっている。

つまり、かつての犯罪者達を目明しとして使用していたことは明白である。にもかかわらず目明しという文言は用いられていない。この後も明らかに以前犯罪を犯した者を用いていた旨の文書が、天保年間の後半にさらに多くなる。

二、目明しは必要悪か

もと犯罪者であり、強請を繰り返して町民から嫌われている目明しが、公式には否定されながらも存続した理由は、幕府の治安対策と大きく関わりがある。

幕末の様子を見てみると、江戸市中の取締りをおこなう町奉行所の与力は二三騎（馬乗が許されているので二三人をこのようにいう）、その下の同心は一四〇人であった。南北二つの奉行所があったので人数はこの倍である。他に火附盗賊改方の同心が数十人から一〇〇名ほどいる。同心の総計は三四〇名ほどである。

この全員が治安や警察活動に従事していたのではない。同心の職務は多様で、内部の会計業務や人事係をはじめ養生所や古銅吹所（銅の精錬所）の担当、人足寄場や牢屋の監視なども含まれていた。それゆえ町奉行所で直接に警察業務を担当するのは市中を巡回する同心達で、定廻り六人、臨時廻り六人、隠密廻り二人の計一四人で、両奉行所あわせても僅か二八名である。これは「三廻り」と呼ばれている。これに火附盗賊改方の数十人を加えても一〇〇名弱である。

他方、江戸の人口は町方の住民と寺社門前町の町人の合計で五七万五〇九一人（嘉永六年・一八五三年一〇月調べ）で、この他に御用達町人、能役者、武家の家来で町に居住している者、無宿者の家族を加えると六〇万近い人口である。即ち、現在の東京二三区よりやや狭い地域に約六〇万人の町民が住んでいた。

これを僅か二八名、多くみても一〇〇名弱ほどの同心で取り締まるのは不可能であった。そのために同心の補助として目明しが必要とされたのである。

町奉行所や火附盗賊改所属で、警察活動をする同心の数が少ないのは、財政上の問題もあるが、江戸は自治組織が完備していて、町ごとに無法者を取り締まることのできる仕組みになっていたからである。

江戸は町年寄の下、各町を町名主が支配していた。また各町は町人（地主と家主）が拠出して積み立てた資金で、自身番屋を設置していた。ほぼ一町から三町ほどごとに一ヶ所の自身番屋があり、嘉永三年（一八五〇）の江戸市中の自身番屋総数は九九四ヶ所とされている。

現在の交番に似た機能がある自身番屋には町で雇った番人を置き、家主が交代で番屋に詰めるというのが建前であった。「自身番の任務は、交代で町内を巡回し、不審者がいれば捕らえて自身番に留置し、町奉行所に報告しました。いわば、自警のため町が設けた交番のようなものです」（山本博文『日曜日の歴史学』）。自身番として雇われるのは屈強な若者と定められていた。

元来が目明しなどは必要としないはずの自治組織であったが、実際には理想通りに進まなかった。主な原因は、風俗や風儀の良否という判断を下す際に、具体的な基準がなかったことである。そのため名主の恣意的な判断で「風儀よろしからず」と断定していたことになる。ぜいたく取締りでも風俗を乱す、風儀がよくないと判断されたが、いずれにせよ明確な基準がないため、取締りを徹底させるのは難しかった。

二つめは江戸中期以後に貨幣経済が浸透したことである。とりわけ江戸周辺の地域の経済的発展に伴って投機的な事業が起き、それに脱落した農民や商工業者が江戸に流入した。これと既存の住民との摩擦、江戸市中人口の増加、無宿者の増大は治安状態の悪化を招き、自治組織の機能に影響を与えた。

三つめは指導者である町役人の資質の問題である。世襲化もしていた町役人が、職務怠慢や病気と称して出勤せず代理人に任せる、店子達から非難されて萎縮する、などが同心から報告されている。また取締りに際して依《え》怙《こ》贔屓《ひいき》が多いことなど、理想的な状況とは言いがたい実状であったことが挙げられる。

同心の手先として目明し（江戸では岡引と呼ばれることも多い）を使わねばならなかった事情はこのようなものであったが、目明しの弊害は既に天保年間でも顕著であった。『市中取締類集』によると、南北両町奉行連名の老中への上申書には、賭博の蔓延について、こう述べている。

殊《こと》に一般の町家で賭場が開かれています時には、俗に岡引と呼ばれている者が〝防ぎ〟と名付けて多分の金をその町家から貪《むさぼ》り取って、賭博を見逃しております。近頃は御禁制のよみかるたなども岡引共の内で売り与えていることもあります。

名主共は市中の取締りを岡引共に任せているだけでなく、所々の売女屋を御上が取り払った後は、奉行所へ申し立てて欠所地の代金の内より月々の手当金を岡引共に与えておりますので、市中では岡引共は奉行所の給金取りだといい、町役人と同様に恐れ憚《はばか》っております。

商人が新規に店開きなどいたします際には、岡引共に相応の贈物をしなかったならば、難しい事になると思うようになっております。当然、岡引共はこのような風潮に乗じて我儘《わがまま》や不正を働いております。岡引共は自宅で食事などを与えて大勢の者共を同居させ、町内で岡引に贈物をしない者には悪計《わるだくみ》をして仇《あだ》をなすこともあり、市中ははなはだ迷惑をしていると聞いております。（『市中取締之部・第二一件（一七六）』）

ようやく岡引（目明し）の実態が少しずつ明らかになる。本来は賭場を見つけたら奉行所に報告し、賭博をしていた者達を逮捕するのが役目であるのに、それを金を貰って見逃し、禁制のかるたを売り捌き、新規開店の商人から祝儀を強要するなどの行状である。

注目したいのは奉行所の雇人であるかのように、岡引が給金を与えられているという記述である。売女屋を撤去させた後の地代収入が岡引の給与の財源という。これは他の記録からも裏付けられ、「売女屋を取り払えという御命令があった。老中水野越前守様へ町奉行の鳥居甲斐守様より御上申になって、売女屋を取り払った後の欠所地面の地代を、南北両奉行所の同心と火附盗賊改方にお渡しになり、同心共から岡引へ手当を渡すことになりました」（『同前書・第二一件（一八九）』）とある。

岡引への手当は天保の改革を主導した老中水野越前守の許可を得て始まったという。最も具体的で詳細な報告は、天保一三年一二月に町奉行の遠山左衛門尉と鳥居甲斐守が連名で老中に提出した上申書にみえる。

私共の奉行所の三廻りの同心及び火附盗賊改の手当の件ですが、奉行所が毎年徴収している過料銭と欠所地面の地代の上り高のうち、町奉行所に八割、火附盗賊改方に二割の割合で下さることで、町奉行所の取り分の内から同心が手先の者（岡引）に手当を渡しております。

鳥居甲斐守様が担当なさって老中へお伺いして御承認になりました。また、このような例もあります。大溝藩主分部《わけべ》若狭守《わかさのかみ》の家来の橋爪完平が中追放の処分を受けました際、持っていた地所が欠所地になりましたので、以前に伺い済みの通り、この地所からの上り高を町奉行所の三廻りの同心達と火附盗賊改方の同心に渡しました。……右の完平の地代一ヶ月分の上り高は五十五両一分銀三匁七分五厘あり、町奉行所へ金三十六両三分一朱、他方へは金十八両一分銀十一匁二分五厘を分配しました。

奉行所が取り立てる過料銭は罰金と同様であろう。ここで武家屋敷の跡地からも収入を得ているとあるのは珍しい例なのか、通常のことなのかは不明である。

これに続く文章では、目明し又は岡引がどのような経過で同心の手先になったかが述べられている。町奉行の上申書といっても所詮は同心の報告書をまとめたものなので、目明しが善良な町民から採用されていたかのように記されている。

当年六月頃まで深川やその他の場所で営業しておりました料理屋などが、給金を与えて抱え置いておりました男共を、町奉行所や火附盗賊改方で捕物をする時に「出方」として用いましたし、噂などが何処から出たものかを調べたりするのに使いました。

その手当として一ヶ月に二両二分ぐらいから一両ぐらいまで、時により多い少ないがありますが与えておりました。妻子のある者や家賃・雑費を払うのに困っている者もあります。また、もし捕物などの時に死傷する不慮《ふりよ》の場合もあるかもしれないと考えまして、右の手当を一律に一人一ヶ月に金一両ずつ与えることにいたしました。

（『廻方勤筋之部・第七件（四〇）』）

そうだったのか、捕物の時に御用《ごよう》と書かれた提灯《ちょうちん》を持って、「御用だ」「御用だ」と叫びながら繰り出すのは、大名や旗本の侍でなく、料理屋の用心棒達であったのか。臨時雇いで使役《しえき》に出ていたのか。どうりで沢山の捕吏がいたわけだ、と思われる読者の方もいるかもしれない。

用心棒を置かねばならない料理屋や水茶屋というのは、風俗営業をしていたのかもしれない。そういう場所に用心棒として雇われる男達も素姓《すじょう》の良くない者達だったのだろう。

この町奉行の上申書は隠し事をしているといっていい。あやしげな料理屋や水茶屋を撤去させたので、失業した用心棒達を奉行所の手先として雇ったという文書なのだが、目明しという言葉は用いずに、奉行所の活動に協力する者を月一両の手当で使っているという。

別の記述でも「諸方の料理屋、水茶屋の者共を御奉公筋とあい心得、給分をさし遣した者を置き、廻り方の御用のため相い勤め候」(『市中取締之部・第二三件(一九五)』)となっていて、料理屋や水茶屋に抱えられている者に、廻り方同心に協力しているとして、恒常的に手当を出しているという。

本当のところは、目明しは改心した犯罪者である。前非を後悔して奉行所に協力するようになった者である。前述のように幾つかの記録があり、これを裏付ける資料も少なくない。しかし町奉行はこれらの事情を知りながら、目明しは現業か失業した料理屋や水茶屋の用心棒を採用したとだけ述べ、手当を出す正当性にも言及している。

ともあれ、このように目明し（又は岡引）は、奉行所の収入から同心を通じて定期的に手当を与えられていた、ということを町奉行が証言している。

三、目明しの悪業

目明し達は少ないながらも同心から手当を渡されていた。これは奉行所が直接目明しを雇っているのではなく、同心が「自分の手先」として、私的に雇っているという体裁を作るためであった。

その目明し達は些細なことで町民に難癖をつけて強請《ゆす》ることを日常のようにおこなっていた。天保年間には礼金を受け取って賭場を見逃したり、賭博用具を密かに売買していたと同心が報告している。このような目明しの無法ぶりは、天保年間に始まったのではなく、それ以前からおこなわれていた。

文化一三年（一八一六）に著わされた武陽隠士《ぶよういんし》の『世事見聞録』に、既に目明しの不法が述べられている。武陽隠士は筆名で、どのような人物か不明であるが（江戸在住の浪人ともいわれる。『朝日日本歴史人物事典』より）、風俗が乱れて「強きと賢きが勝り、弱きと愚なるが犯される」（『世事見聞録』序文）のを見るに堪えず、聞くに忍びざるという正義漢で、憤慨にかられて著述したという。

これによると、悪党の「多くは岡っ引とも、目明しとも唱ふる者になり、これは火付け・盗賊その外の悪党を捜し出して、その役筋の者へ密かに告ぐる事なるか、今は隠密に告ぐるにあらず、表向きに顕はして」という。公然と目明しを名乗り「表向きに」なるのは文化年間に既に始まっていたことがわかる。この本では目明しの悪業をいろいろと指摘しているが、現代風に直して箇条書にすると、
一、役人の手先の威を振るって、人々が懼《おそ》れるので、一段と勝手気儘《かってきまま》に悪事をしている。
一、悪事で自分が捕えられそうになった時は、自分の子分や子方という手下の者を身

代りに奉行所に差し出す。
一、自分に遺恨のある者には、罪がないのに罪をこしらえて牢屋に入れる。
一、知的障害者や小金を持っている者には、無理に勧めて賭場へ連れていき、その者達からいかさま賭博で金銭をまきあげる。
一、その者達が苦情をいうと、御法度の賭博をしたと罪人に仕立てあげる。
一、他人の妻や妾を奪い取って自分のものにする。
一、その妻や妾を使って、美人局《つつもたせ》で人から金銭を奪う。

これらの悪事をおこなっているという。

恐ろしい話である。自分が恨みを抱く者には罪を捏造して投獄する。本来は摘発すべき賭博に人を誘い込む。目明しは自宅を賭場にする場合があり、素人から賭金を奪うのはたやすい仕事であった。さらには他人の妻や妾を奪って、嫌なら手切金を出せと恐喝し、或いは囮《おとり》にして相手の男を強請る等々である。

何故このような不法な行為が可能になったのか。それは、目明し達は御上の御用を承っていると称し、自分に抗議することは御上に刃向かうことになるから幕府に対する反逆に等しいぞと脅かしたからである。現在でいう公務執行妨害と主張したのである。そして奉行所の与力や同心も、自分達の補助をしている目明しのいい分を受け入れていた。

この頃には目明しで子分を持つ者もいた。何らかの悪業を黙認してもらった者や、権力の末端に連なることを望む無頼の者達である。子分達を養うためや小遣いを与えるために目明し達は金が必要であった。同心からの少額の手当は生活の足しにもならなかったが、「御上からの御手当」である以上、身分を示すものとしてははなはだ貴重でもあった。

時代が下って慶応年間、明治維新直前の「慶応三年十一月南北町奉行が三廻方、手先取締りを改革すべきことを内寄合で決し、南北改正掛二名の者に手先の実情を探らせた」(『旧幕引継書』)一文がある。いうまでもなく「手先」は目明しを指す。これにまつわる目明しの所業を、平松義郎氏は『近世刑事訴訟法の研究』のなかで紹介している。信じ難いほどの目明しの悪辣《あくらつ》な行動であるが、おそらく慶応年間以前からおこなっていたのであろう。これも箇条書にすると次のようなものである。

一、盗賊や事件の容疑者に関係する参考人(引合又は引合人という)を役人が調べる前に、目明しは参考人を引合茶屋（自分達が支配していて、参考人を呼び出す茶屋）に呼び出して、厳しい訊問や拷問にかけると脅して、嫌なら金を出せと強要する。金銭を支払うと約束すると、役人に「容疑が不充分だったので釈放した」と報告する。

二、窃盗の犯人や容疑者と組んで、実地検証の際に連行した犯人に、盗んでいない家に盗みに入ったといわせ、その家の者を参考人として拘引する。犯人又は容疑者が実施検証の際に疲れたといって休息のため腰をおろした家も、そこの主人が窃盗に関わりがあると参考人に仕立てる。金銭を強要して、払えばようやく参考人から除外する。

三、窃盗犯が盗品を質入れした質屋や盗品を買い取った者を共犯者として拘引する。金銭を強要して、払えば共犯者から除外する。

四、窃盗犯の盗品は証拠品であるのに、売却して目明し達で山分けする。

五、町預けになった犯罪者を特定の自身番屋に連行して留置する。その町に出費を強いるための嫌がらせで、盆暮に目明しに金銭を贈る町には犯罪者を留置しない。

六、債権者より依頼されて貸金の取立てをおこなう場合は、債務者に犯罪の容疑があるとして証拠もないのに逮捕する。債務者の親類や保証人に、借金を返済するなら釈放するとそれらの者達に返済を強要する。取立てができた時には、債権者に礼金を強請する。

七、大店《おおだな》の奉公人が使い込みや横領で逮捕された時には、その店に便宜をはかるといって金銭を強要する。

八、密通した噂のある男女を目明しが経営する料理屋か引合茶屋に呼び出し、公《おおやけ》にしない代りに金銭を強要する。

九、入牢者の妻に恩を売って関係を迫る。牢内でも金が必要といって囚人の妻に売春させて、利益の大半を自分のものにする。場合によっては売春宿に囚人の妻を売りとばす。

一〇、立場の弱い女芸者から一人につき一ヶ月銀五匁から七匁五分を強要する。ジゴクという隠売女《かくしばいじょ》から一人につき毎晩三分から一朱までの金を強要して、検挙されるのを見逃す。

これらの他に、目明しの自宅で賭場を開き寺銭《てらせん》を得る、賭場が開かれると主催者に見逃す代りにと金銭を強要する、などが述べられている。
補足すると、江戸時代の参考人（引合又は引合人という）は共犯者とみなされる場合があり、否認すると拷問されることがあった。目明しは自分が経営するか関係する料理屋を引合茶屋と呼んでおり、いわば「第二自身番屋」として使っていた。

文化年間より目明しの悪質度はさらに深まったといえる。これまで蓄積した悪業を継承し、さらに新たな強請の方法を考案したようだ。商家から用心棒代を徴収していたからか、「近所を一廻りすれば、二朱や一分の小遣いは直ぐ出来る」（横倉辰次『与力・同心・目明しの生活』）生活だったという。

目明しやその子分達は、極端にいえば権力公認の暴力団ともいえる存在だった。テレビ・ドラマに登場する目明しとは異なる姿である。

江戸時代後期におけるこれらの目明しの行状をみると、同心に随行して補助的な役割を演じるのではなく、「目明が、同心の関与なしに、召喚、逮捕、取調をなし、かつ、その職務上きわめて不当不正な行為を行つて金銭を貪《むさぼ》つたことが判る」（平松義郎『近世刑事訴訟法の研究』）。

遅くとも天保年間には、目明しは町奉行の同心と同様か或いはそれ以上の行動をとるようになっていたといえよう。

四、同心上申書

目明しの不法行為を熟知していたからか、前々節で紹介した、町奉行から老中への報告書の続きともいえる上申書では、次のように述べている。

俗に岡引という者共は、だいたいが放蕩無頼の悪者であり、前々から採用されていて現在に至っても奉行所で専ら用いております。毎月の手当も与えておりますので、御上の御威光にも関わることであります。

江戸市中は広うございますが、名主や町役人で取り締まっており、常に市中の人別(戸籍の意＝著者注)も厳しく取り調べていますので、住所不定の者を町内に滞在させないようにかねてより申し合わせ教導しております。

それゆえ不審な者を調べたり隠密に探索したりする時には、岡引などと申す者を調査に使う必要もなく、名主や町役人が取り調べするのは当然であります。もし名主や町役人が依怙贔屓《えこひいき》をしたり隠し事をしたりしても、隣町の名主や町役人から訴えが出ますので、厳重に監視できるようになっております。

今後は岡引を奉行所で使うのは無用にし、与力や同心には一層職務に精励して厳重に取り締まるようにせよと命じます。

（『市中取締之部・第二一件（一七七）』）

弘化二年（一八四五）の上申とされるこの文書は、明確な岡引廃止論である。だが、現実とはかけ離れた、享保年間以来の建前論の繰返しである。

一方、実際に岡引を使っている北町奉行所の市中取締掛り同心の報告書はかなり異なったものである。

岡引と申す者達は、賭場を見逃したりさまざまな不良の取計《とりはから》いをしていることにつき、どのような経歴の者でありましても古来より町奉行所同心や火附盗賊改の同心によって、悪党共を詮索するために使ってまいりました。……岡引は無宿の者もいますが、無宿者が必ず悪事なすものではありません。
悪党の中には店を借りて巧みに表面をとりつくろい、蔭で悪事を働いているものも少なくありません。このような連中はひと通りの調査ではとても発見することはできません。他方、名主や町役人になっている者達はそれぞれ身分のある者で、人の悪事を訴えることを好まず、後難を恐れて見逃し、関わりあいを嫌っております。このような町役人共ではとても悪者の巣窟を発見することは無理です。
もとより岡引になっている者は良民でなく、どれもこれも無頼の徒ではありますが、奉行所両組の同心が手先に使っている者は、以前は無頼の徒であっても改心した者を選んで探索を申し付けております。それらの者は妻子もありますので暮しの一助になるように手当を渡しております。

(『同前書・第二一件(一八九)』)

たしかに現場の者からすれば、理想論では処理しきれない場合が多かったのであろう。さらに同心達はこのように続けている。

岡引という者は、万一、悪事をおこなって入牢にでもなりますと、これまで仲間を密告しておりますので、既に牢に入っている囚人達から憎まれておりますから牢の中でどのような厳しい折檻を受けるかわからず、入牢することを非常に恐れております。そのため自然に行動を慎んで、入牢にいたるほどの悪事はいたしておりません。

（『同前書』）

奇妙な論理であるが、入牢すれば裏切り者として牢内でリンチされる場合もあったゆえだろう。なお、岡引（目明し）擁護論は根づよく、別の同心も次のように述べている。

岡引という者共は、いずれも若年の頃より賭事を好み又は悪者と附きあい、無頼の行状の者共であります。そのなかで追々《おいおい》行状もなおり真面目に働いている者のうちから、その時の人物次第で御手当を下された者であります。これらの者は盗賊やその他の悪党を見聞したと報告したり、専ら尋ねものや探しものに従事しております。

しかし市中ではとかく岡引達は憎しみを受け、諸々の悪評がありますが、一般に不正の金銭を貪り取ることはありません。そうといっても行状の良くない者と附きあったり、食客などをおいて下働きをさせている者もいます。下働きの者共はどのような経歴の持主かわかりませんが、この者達が商人の新装開店などの際に贈り物をしないと仇をなすと脅していることは、聞いておりません。

（『同前書（一八七）』）

これは露骨な擁護で、金銭を強要したことはなく、岡引の下働きの者も悪事をおこなっていないと強弁している。

「食客などをおいて」とあるように、同心の配下である岡引もまた手下の者を使っていた。それでは目明し（岡引）はどれほどの数がいたのか、また目明しの手下になっていたのはどれほどの人数であったのだろうか。

目明しの採用じたい、そもそも曖昧なもので、「改めて任命するの、しないの、その手続のということはありません。ただ使っている同心が、自分の手札を渡して置くだけに過ぎない」（横倉辰次『与力・同心・目明しの生活』）というものだった。総数としては、「同心が自筆の手札を与えて置いたといわれる」（平松義郎『近世刑事訴訟法の研究』）者で、天保年間末頃で「両町奉行所の市中廻り方の手先は百五十人程」（『廻方勤筋之部・第七件（四〇）』）というのが信憑性のある数字であろう。

そして「同心の下には岡っ引が二三人付いている、その岡っ引の下にはまた四五人の手先が付いているという順序で、岡っ引も少し好い顔になると、一人で七八人乃至十人ぐらいの手先を使っていました」（『与力・同心・目明しの生活』）という。しかし、大勢の食客を置くような大物の目明しは稀で、「大抵の岡っ引は、何か別に商売をやっていました。女房の名前で湯屋をやったり小料理屋をやったりしていましたよ。……（下っ引は）手先の下をはたらく人間で、表向きは魚屋とか左官とか桶職とか、何かしら商売をもっていて」（『同前書』）というぐらいだった。

目明しの子分になり、探索や聞き込みに目明しの手足となって働いていた下働き（下っ引）の実態は、目明し以上に不明である。食客で目明しに随行している者、髪結床や湯屋・小料理屋など噂の集まりやすい場所の雇い人で、金になりそうな情報だけを目明しに伝えて小遣いを貰う者などさまざまであったのだろう。仮に目明し一人につき平均三人の手下をもっているとすると、目明しと下っ引の合計で六〇〇人ほどになる。

『旧幕引継書』によると、目明しの数は慶応三年に南町奉行所の手先一五九人、北町奉行所の手先一六二人、吉原町一六人、猿若町六人に臨時を加えると三八一人と記されている。天保年間の約二・五倍という著しい増加である。明治維新直前の江戸でも倒幕派の連中が策動して、不穏な緊迫した情勢だったためと考えられる。

目明しの「その下に、親分方に同居する下《した》っ引《ぴき》が千人ほどいたという」（塚田孝「目明しの実態」）。塚田氏は『日本の近世 第七巻 身分と格式』「下層民の世界――「身分的周縁」の視点から」のなかで、より具体的に、「町奉行所の同心から給料をもらい「給金取り」と称するおもだった者と、無給の者とを合わせて四〇〇人弱の親分がおり、その下に親分方に同居する下《した》っ引《ぴき》が一〇〇〇人ほどいたという」と述べているが、前記の三八一人の目明しが、仮に一人につき平均三人の下っ引を抱えていたとすると一一〇〇人強となり、それぐらいの数が維新直前に存在したと推定してもあながち間違いではないであろう。

五、与力と同心

目明し達の悪行を黙認していたのは与力や同心達であった。目明しを監督する立場にありながら与力や同心もまた、高潔な人格者ばかりではなかった。

『御仕置例類集』には与力への処罰も記されている。町奉行筒井伊賀守伺いの天保元年に申し渡された「御先手松浦忠右衛門組与力小田切十兵衛、不埒の取計いいたし候一件」である。

右の者は加役方（火附盗賊改方）の捕え方として勤務していた時、茂七の弟の清兵衛が悪事を働いていると聞き、召し捕って役所へ差し出した。ところが同人の母まつは、清兵衛は悪事を働いたことはないはずと逮捕に疑問を抱き、どういう理由かと問うたので、まつを度々番屋へ呼び出し、利害を申し聞かせ、恨を抱かないように書類を提出させた。それでまつはさらに疑問を抱き、これは容易なことではないと箱訴（目安箱に訴状を入れて将軍に直訴すること＝著者注）をした。箱訴をされるような清兵衛の逮捕と御用の筋を喜三郎に洩らしたことは不埒につき、五十日の押込めとする。

五十日の押込めの判決を受けた与力について、不埒の内容がやや不明確であるが、箱訴をされたこと自体が不埒とされたのかもしれない。

取調べをうけた、最後に記されている喜三郎は目明しであったのだろう。喜三郎への判決は五十日の手鎖である。与力十兵衛は、清兵衛が盗みなど悪事をしていると聞いて、探索して利助方で盗みをしたとして自身番屋へ呼び出し、書類を提出させたとあるが、十兵衛への判決文では目明しの喜三郎が逮捕したともうけとれる。その場合、建前としては目明しがいないことになっているので、喜三郎を取調べに使ったことが与力十兵衛の不埒であると解釈された可能性もある。

奉行所は四谷仲町のまつの三男音吉も取り調べている。

右の者、兄清兵衛が不届《ふとどき》の行為があるとして加役方に召し捕られ、取調べ中に病死した。母まつは恨みに思って問い合わせたところ、召し捕られたことに諸々の疑惑が生じ、これは容易なことではないと箱訴した。これは心付けが行き届かず不埒なので「急度叱りおく」とされ、数日の間、（音吉は）牢屋の溜《たまり》に留置されたが、免じられて咎の沙汰には及ばなかった。

こうして、ようやく事態の全貌が明らかになった。

逮捕された清兵衛は拷問されたのか、そうでなかったのか不明であるが、取調べ中に「病死」した。十兵衛は母まつに「清兵衛は持病があった」か「生来病弱であった」という書類を提出させて、自分の責任にならないように隠蔽しようとしたのであろう。

母親は清兵衛が盗みをする子でないと信じていたのか、それとも十兵衛の書類提出の強要に反撥したのか、箱訴に及んだ。十兵衛の有罪は箱訴されたこと自体が不手際と判断されたのであろう。他方、箱訴したまつも不埒で、それを止めなかった音吉も不届であるが免罪となった、と受け止められる内容である。

ところで十兵衛の上司にあたる松浦忠右衛門はどこかで聞いた名前と思わないだろうか。即ち本書の冒頭に記した「三之助事件」で、中間部屋が賭場になっていた屋敷の主人が松浦忠右衛門である。賭場を黙認していたとして処罰された人物であり、腐敗したこの上司にしてこの部下ありという構図であろうか。なお松浦はこの直後に職を辞しているが、理由は不明である。

『御仕置例類集』にはこの他にも、町奉行榊原主計頭伺いの「小十人比企藤内屋鋪《ママ》において、三河町壱丁目吉兵衛下男政蔵、金子を欺き取られた一件」（天保三年御渡し）が挙げられており、町奉行筒井伊賀守組の同心大関庄三郎が「急度叱り」の罰を受けている。藤内の屋敷でも賭博がおこなわれていて、金の両替にからんだ話でトラブルになり、同心の大関は詐欺の男と示談にするといいながら放置したから処罰されたという。また、天保九年には留置していた囚人に逃げられたとして同心高木三之助が「三十日押込」となっている。

以上のように、同心が処罰された例は珍しいが、おそらく氷山の一角であったのだろう。『幕末御触書集成』の「諸役人組支配勤方の部」に、天保一三年二月二日に、与力や同心の綱紀粛正についての通達がある。与力や同心のおこないがどのようであったのか、その一端を知ることができる。前半の部分は賄賂に関してである。

一、吟味を担当している与力と本所見廻りを担当している与力、それに定廻り、隠密廻り、臨時廻りの同心達は、深川やその他の料理茶屋から肴料として五節句又は盆暮に少しずつの贈物を受け取っている。これは不正の贈物であるので、天保の御改革の後は一切受け取ってはならないと決めた。今後は弛《ゆる》まぬようにせよ。

一、町人共から前々から定められていた当然の贈物は別として、突然の贈物や訴訟事件についての挨拶はたとえ少額であっても受け取ってはならない。

一、職務上で職人や商人の家や組屋敷へ立ち入ることはかまわないが、それらの者達と心易くなり、酒宴に誘われて相手をしたり、内々の相談事があるといって密談したりすることは心得違いである。

買物や誂物をする時は、表向きは通常の値段であっても、懇意になったからといって職人や商人から特別の取計いを受けてはならない。

今でいう賄賂は江戸期には「社会の潤滑油」とされていたので、慣例になっている類の贈物は容認されている。与力は禄高が二百石とされているので、生活には困らないが、「このほかに、諸大名よりの附届等があります。……これは当時の考えでは、賄賂ではなく、正々堂々と受領したものです」（石井良助『江戸の町奉行』）という。

同心の給与は三十俵二人扶持で、屋敷も与えられているが、大名から「御用頼み」という名目で米か金銀が贈られていた。これらも「公然と贈られる進物です」（『同前書』）。むろん賄賂とはされていない。生活が安定していてもより多くの金銀を得ようとするのは、いつの時代でも人間の性《さが》であろうか。

後半は次のように書かれている。

一、与力達のうちで湯屋へ入湯のために行く者があると聞く。これは全て噂にすぎないと思うが、同心達のなかには薄給の者があり、自宅で湯を沸かすことができなくて、仕方なく湯屋へ行くのは致し方ないと思うものの、与力はそのようであってはならない。

殊に、取調べをうけた者と湯屋で会うことがあればよくない。総て雑人と湯屋で立ち交わるようになっては、御上の御威光にかかわる。

これまで与力の倅《せがれ》や寄寓している者などが湯屋へ行くこともあり、与力や同心が早天に女湯へ入ることもあると聞くが、少し時刻が移ると婦人《ママ》も入湯するようになり、自然に男女混浴になってしまう。今後は混浴禁止の町触を出すので、たとえ婦《マ》人《マ》が湯に入る以前であっても女湯に入ってはならない。

右の件は同心の末端の者まで洩れなく通達せよ。

江戸の七不思議の一つに「女湯の刀掛け台」というのがあるが、このことを指している。「旦那衆（与力や同心＝著者注）は女湯に入ります。女は朝っぱらから銭湯には来ませんから、旦那連中はゆうゆうと朝風呂につかることができるのです。そのために、女湯に刀掛けがおかれたのでした」（石井良助『江戸の町奉行』）。

町家や長屋には内風呂がなく、町民は湯屋に行くのが日常であった。それで与力や同心は「探索」のため湯屋を訪れ、「聞き込み」をしていた。何故であろうか。

今でこそ信じられないことであるが、江戸の湯屋は男女混浴であった。寛政三年（一七九一）の町触に「前々から触れているように、男女混浴は風儀よろしからず」と禁止していたが、一向に改められなかった。湯屋の営業者達は、男湯と女湯を分けるために湯舟を新しく設置する費用も場所もない、二つの湯舟では燃料費もかさみ人手も不足する、など申し立てて混浴を続けていた。それで奉行所はまず、男湯と女湯とを隔日で交代するように指示した。

弘化三年（一八四六）四月七日の町触も、あらためて「江戸市中で男女入込《いりこみ》の湯があることは風俗宜しからず」とする。これは、この年の正月一五日に小石川片町より出火した火事で、その近所の湯屋が類焼し、仮小屋で湯屋を再開したが男女混浴という噂を聞いたという件に対するもので、調査したが事実でなかったようだ。しかし続けて、「寛政三年以来の混浴禁止は守るようにせよ」とある。この頃も混浴は続いていたのであろう。

いずれにせよ、目明しを監督する立場の与力や同心も厳格に規律を守る者達ではなかったようである。

第四章　幕藩体制の歪み

一、水野忠邦の失脚

天保の改革とは、天保年間初期の七年にも及ぶ大凶作により餓死、病死が激増し、農民一揆と都市での打毀しが多発したのが遠因であった。天保八年（一八三七）の大坂の与力大塩平八郎の反乱も影響したのであろう。

幕府の弱体化が明らかになり、経済を建てなおすため老中首座の水野忠邦が発したのが天保の改革であった。既に述べたように極端なまでの奢侈禁止、出版をはじめ各種の統制強化、低物価政策として問屋仲間、株仲間の解散と物価の上限設定などであった。これに承服できない民衆の不満は高まっていた。

天保一四年（一八四三）に水野は、江戸と大坂で大名領、旗本領を整理・統合し、一部を幕府領に組み入れる上知令《あげちれい》を触れた。これには大名や旗本の猛反対だけでなく農民の一部も反対したので撤回され、天保一四年閏九月に水野は老中を罷免された。

老中水野忠邦が失脚すると、改革が終わったと敏感に嗅ぎとった町人達は、早速、改革前の状態に戻ろうとした。

最初に変わり始めたのが女性の衣裳である。その頃南町奉行になっていた遠山景元と北町奉行の鍋嶋直孝は次のように上申している。

以前に阿部遠江守正蔵殿が北町奉行だった時に、女の衣類に縮緬の袖口や半襟を用いるのは取り締まるべきかと申し上げたところ、老中水野忠邦様が当時の南町奉行鳥居甲斐守殿へ、遠江守は見込み違いで、女の衣裳は処罰に該当するほどの「美麗」というようなものではないと仰せになっています。

衣類の派手は古来より最も制止しがたいもので、特別に厳重にすべきものではなく、今は改革前に戻ったというほどのものではありません。衣類の派手を禁じるという町触を新たに触れるのは御体裁もよくないと存じます。当分は見守ったうえで、なおも探索を続け、そのうえで派手かどうかの取計いを御伺いいたします。

（『市中取締之部・第二三件（一九六）』）

水野の発言を引用しながら、巧みに禁止を緩めようとしている。改革時には些細なことでも「華美すぎる」「御倹約の趣旨に反する」として取り締まっていたことからみると、明らかに取締りの後退である。

南町奉行所の三廻りの同心達が弘化二年（一八四五）三月に提出した報告書はこのように書かれていた。

市中はいつとなくあい弛《ゆる》み、風俗、諸色値段など御改革の以前の姿に立ち戻っていますので、御書面で取締りを密々に探れと仰せになりました。それで市中の様子を探りましたことを左のように報告いたします。

一、市中の男女の衣服は、去年の冬よりも毛類、唐桟類の羽織、羽二重、縮緬などを多く着るようになり、以前の姿に戻っております。

二、高価なべっ甲・櫛・笄・かんざしを用いておりますが、以前に所持して御改革のためしまい込んでいたものを、世間の気合が弛んだとみて着用しているようです。

三、野菜は高値のものもあり、以前のように戻っております。餅菓子類や料理は武家方からの注文で、時としてぜいたくなものもあります。これらを余分に造っておいて売る者もあると聞いておりますが、調査したところ特に高値というほどのものではありません。

四、歌舞伎役者の衣裳は、奢《おご》りがましきものになっております。

五、隠売女は両国橋の東広小路に四、五人ほど、本所松井橋に三人ほど、浅草三好町に四、五人、馬喰町の柳原土手辺に三、四人、木挽町采女原広場に六、七人ほどで、

夜分はよしず張りの小屋か莚《むしろ》張りの小屋を拵《こしら》えて稼いでおります。

以上でありますが、高価な衣類や髪飾りは、改めて用いないように御命令下さい。御改革時に禁止された女義太夫や三絃の指南は復活し、男の弟子をとることは禁じられましたが、元のようになっております。女髪結いは名主や家主から注意するようにと御命令になれば取り締まることができますのでお願いいたします。

（『同前書・第二一件（一八七）』）

たちまち町民の生活は天保の改革前の状態に戻っていた。しかし、水野が失脚しても改革時に出された通達や町触は生きていた。したがって、規制が緩和されたと勝手に思い込んでいる町民の調査や探索に目明しやその子分達が使われた。目明しの活動は減るどころか、かえって増えたようである。

同じ頃の市中取締りについて、同心の蜂屋新五郎ら四名の連名の上申書が提出されている。内容はほぼ前述の通りである。ただ男女の関係については、このように述べている。

下賤の者共は情欲に堪えかねて、自然に密通いたし、又は強姪する者も増えております。厳しいと同時におだやかな御処置がなければ、人情に障《さわ》り如何なる事態を招くかもしれませんので、御賢慮をお願いいたします。

これまでおこなっていた、男女密会の場である出合茶屋や、風儀よろしからずとしていた男女関係についての摘発を緩和したいという見解である。大きな方向転換であり、天保の改革を否定しているが、実際に民衆に密着している役人ならではの感覚であろう。

次第に規制が緩んだ雰囲気を反映したのか、「湯屋の二階から素裸で手摺の縁先に出て、往来に向かって不遠慮な姿とも気づかず、婦人が通ると大声を発し、吠えてからかう者がいる」(『同前書・第一三件(一四一)』)と、名主源七の上申書の記述にある。

湯屋の二階は以前から碁盤、将棋盤が置かれて、一日中遊んでいる者達がいたり、茶菓が商《あきな》われていた。「芝あたりの湯屋は二階番の者だけでなく、若い女性を抱え置き、日雇いか月雇いで茶汲女をいたしております。……女達は水茶屋奉公よりは余程収入が良いので居付いていますが、そのうち密通がましいことをするようになり、風俗にも障りがあります」（『同前書・第八三件（三五一）』）とは、隠密廻りの同心の報告である。

天保の改革時には摘発されないかと息をひそめていた庶民が、少しずつ自由になってきた頃に、流行したのが都々《どど》一坊《いっぽう》扇歌という歌であった。

　人を集めて見物人に謎をかけ、解き方を三味線にあわせて滑稽を尽くしますが、これが受けて特別に流行し、両国橋際の人寄場や湯島天神の境内など毎日三ヶ所で興行いたしております。移動の際には駕籠舁人足を二、三人ずつ定雇《じょうやと》いにいたして駕籠を乗り廻し、一日の座料は何と七、八両ぐらいにもなるといいます。今は次第に興行が大袈裟になってきて、御改革前の倍にもなる盛況と噂されております。

（『同前書・第二二件（一九二）』）

天保の改革時には見られなかった光景である。

暮しの他の部分でも改革時の規制は守られなくなっていた。同心の報告書では、葬式が派手になり「相当な身元の者の葬式には三、四百人から五百人余も集まるようになり」(『同前書』)、制止されなくなったという。

町奉行の見解も大きく変わった。弘化四年(一八四七)の指示にこのような例がみられる。

これまで囲い妾《めかけ》を禁止する町触や申し渡しはなく、妻妾のない者の慰めにて、これをもって奢りの沙汰ということもできるが、前々よりあったことで、その頃は猥らというほどのことではなかった。一般に遊所は方正を基準に論じると奢侈放逸になり無用のことではあるが、これも昇平(太平の世)の余沢《よたく》で、人々が融和し金銭を費すことになる。囲い妾も同様である。猥りがましきことを超えないように致したらよい。

改革時には囲い妾も風俗を乱すとして禁止されていたはずであるから、随分思いきった指示である。

その他にも、例えば新たに女芸者を禁止した町触や申し渡しはない。酒宴の席に侍《はべ》る際、もし席上で相対の密通があれば取り調べるが、そのような行為がなければ特に吟味する必要はない、売女同様の所業がなければ市中の料理屋などで酌をし、酒宴の興を一段とすすめることに、奉行所は干渉することはない、としている。

水茶屋は天保の改革で多くは禁止されたが、弘化二年一二月には、老人や足弱の者が親類縁者や知り合いを尋ねて行く時や年の初めや用事で外出した時に、途中で休息の場所がないのははなはだ困るので、また榎坂上、赤坂御門外、四谷御門外、水道橋外などで寒暑の候や急に雨になった時には水茶屋が必要であるとして、今後は免許するとされた。

このように改革時に禁止された事項を町奉行所の主導で解除する動きがみられるようになった。

二、調査の続行

天保の改革がなし崩しに廃止され、改革前の状態が復活すると共に、町民は新しい商売や新規の営業を考え出していた。その一つが麦湯《むぎゆ》店である。

町々で夜分に麦湯を商う店は前々よりありましたが、今年（弘化元年）の夏は大暑が続いたこともあって、麦湯の店が著しく増えました。往来の人々が立ち寄り、価格も安いので人気が高まりました。そのうえ店の近辺の貧窮人の娘を一夜五百文ぐらいで雇うか、売上高に応じて歩合で雇っております。夫があってもまだ年若い妻を雇って茶汲女として働かせている場合もあります。

麦湯店には武家の勤番長屋に居る者も、暑さ凌《しの》ぎにやってきますが、町家の裏店に住んでいる者も涼みに来ますので入り交じり、麦湯店で働く女や子供と懇意になっております。武家屋敷勤めの身分の軽い者共は次第に毎晩のように友達を連れてくるようになっております。

客のなかには少額の麦湯なのに、百文か時には二、三百文も出す者もおります。また、麦湯店で働く女共への土産物の下駄や履物、流行の模様のついた前掛けなどを渡すものも現われております。

武家の客が多い尾張町、桜田、芝、赤羽根あたりの麦湯店は深更まで営業するようになり、町内の煮物売店から酒や料理を取り寄せ、女達は酒の相手をして興にのると踊り騒ぐようになり猥りがましくなっております。密通まではしていないようです。もっとも、麦湯店で特定の客が勤めている女と密通していると噂が立つと、他の客が来なくなりますので、女共も大抵の客はほどよくあしらっております。麦湯店も道端に腰掛けを並べているだけで、女と客が隠れる場所もなく、戯れることがあっても容易に密通はできないと思われます。

（『市中取締之部・第二四件（二一二）』）

急激に麦湯店が増え、そこで働く女達を目当てに客が集まるという。弘化年間になってからの同心の報告書であるが、これに対する調査や探索は目明しやその子分達が主におこなったのであろう。別の報告書には、こう記されている。

以前は夜の四つ頃（午後一〇時頃）までに営業を終えていましたのに、今は七つ頃（午前四時頃）まで商いをするようになり、一町に五、六軒ずつ出るようになっております。

特に下谷広小路、芝浜松町辺、芝赤羽根や幸橋御門外で多くなり、たいていの店は女を置いておりますので、自然に酒を携えて来る者もでてきて、女や子供に酒の相手をさせ、往来の路上であるのにそれをわきまえず踊り騒ぎ、深更まで営業を続けているうちに猥らになり、なかには女子供の宅へ客を引き連れて訪れる者もあると聞いております。

（『同前書・第二四件（一九九）』）

よしず張りでなく、腰掛けがあるだけでは密通できないというが、しかし実際のところ、茶汲女の家ではどのような猥雑な行為も可能だったようだ。簡単に女と出会える麦湯店は人気があり、一つの店に幾人もの女が勤めていたのであろう。深夜まで営業できる屋台も改革終了後に現われたとみてよい。

改革のなし崩しの廃止は奢侈禁止の緩みにも明確に示されている。植木や盆栽が高価で取引され、松葉蘭や小万年青などの一鉢が百両或いは二百両で売買されるようになった。風俗の乱れといえば、精進料理店と称して若者が侍るかげま茶屋も各所で営業するようになった。現在と変わらないか、或いはそれ以上に放縦な江戸の町になっていた。

しかし、一連の改革の緩みについて取り締まる側は以前のように探索や調査を続けていた。南町奉行所の定廻り同心が、異形の品を売っていて風儀を乱すとして摘発したのもその一例である。浅草の絵草子屋《えぞうしや》友右衛門が「和蘭陀凧《おらんだだこ》」を商っていたとして奉行所に呼び

出されたのだが、友右衛門は訊問に答えて、

或る御武家方より朝比奈甲斐守様へ進物として外国品が贈られました。その一つが凧でございますが、どうしたことか甲斐守様の御家来が、外国品が壊れたので修繕してくれと凧職人の庄兵衛のところへ持ち込んでまいりました。

庄兵衛は修繕いたしましたが、珍しい外国の凧なので真似て余分に拵えました。私はそれを仕入れて一つ百十六文から百四十八文で売ったのは確かでございます。しかし急拵えの粗末な板木に模様を彫りましたので、百枚も刷らないうちにすり減ってしまって使いものにならなくなりました。今、手許に残っている以外は総て売りました。今後はこのような品を拵えたり商いしたりは一切いたしません。何卒おゆるし下さいますよう願い奉ります。

（『同前書・第三六件（二四五）』）

結局、友右衛門は無罪放免とされた。

また、どういう理由か不明であるが、上からの命令で調査した報告書も残されている。

「芝口三丁目の水茶屋うた川のうたならびに深川永代寺門前町の鰻屋の大黒屋清吉方で、隠売女の手引きをし或いは近辺の芸者共を呼び寄せ猥りがましい所業があると聞く。どのようなことかとお尋ねになり、充分に調査するように御命令になりましたので、密かに探りましたことを申し上げます」という長い題名の報告書である。

命令された調査対象は四人で、芝口三丁目の惣八（三〇歳位）は町内の名主長兵衛の代理を務めている。戸籍上はうたの養子であるが、実際はうたの夫である。うたが主な調査対象で五三歳ぐらい。惣八の実母で武家奉公をしていたみて（五一歳位）は、惣八が養子になっているのは事実かどうかの件で調べられている。大黒屋清吉の年齢は記されていない。

報告書は、うたが若い頃から料理屋に奉公していて、小金を貯めて自分の店を出すようになったという文に続いて次のように述べている。

木挽町五丁目の元芝居小屋の跡地に、うたが水茶屋の店を出した時から、惣八と知り合い男女の仲になった。惣八は名主の代理をしていたので、口をきいて名主長兵衛宅の地続きの地にうたの水茶屋を移転させ、表向きは惣八が経営していることにした。

うたは長く水商売をしていたので前々からの客も多く、馴染みの客が来ると酒をすすめ、近所から芸者を呼び寄せて客の相手をさせた。客が芸者に執心するようになると、うたは芸者に二、三ヶ月の囲い妾になるように勧めて、客から世話料を取っている。

うたは自分の店で客と芸者が相対《あいたい》の密会をしても、自分は知らないふりをしている。芸者が客に衣裳や金銭をねだった時には、うたが仲介し、二人の間で話がもつれた時には、うたが両方に掛け合ってまとめるようにしている。密通や囲い妾の話がうまくいかなかった時には、客に手切れ金を出させて、うたはかなりな額を自分の懐に入れております。

平生、芸者が外出する時にはうたも附き添い、売女の手引をしております。このような様子なので、うたの水茶屋は猥らな噂が立っておりますが、一度か二度しか来ない客には芸者を呼んでも密通はさせていないようであります。

（『同前書・第二四件（二一三）』）

現在でも何処かにいるような水茶屋の女将《おかみ》である。これの詳しい調査には目明しやその子分も協力したのであろう。続いて大黒屋清吉について、こう述べている。

清吉の店でもうたの水茶屋と同様のことをしているのか探りましたが、隠売女の話は聞いておりません。最近では芸者が急に増えましたが、清吉の店に呼ばれることはないようです。清吉は他に六軒の料理茶屋を経営しておりますが、どの店でも女芸者を呼ぶことなく、客や女を泊めることもないようです。もっとも、客が料理代の他に一分か二分を余分に払った時には芸者を呼び、猥らな振舞いをさせることがないとは言いきれません。

清吉は、身許のたしかな客が芸者を囲ったり密通したことは聞いたことがなく、初めて来た客など見知らぬ客に芸者を差し出すことはありません、と申しております。

（『同前書』）

このように、清吉は潔白だった。そもそも見込み違いの捜査だったのか、賄賂を貰って適当に報告書を作成したのか不明である。なお、何故清吉が調べられるようになったのか、上からの命令は何が根拠なのかは全く記されていない。

他にも幾つかの報告書が『市中取締之部』には記されていて、多数の悪党の存在を証明している。多くの調査例をみると、天保の改革時の奢侈禁止令や風俗違反は廃止されてこそいないが、取り締まる役人の判断も時勢を反映しているのか、かなり緩和したことがわかる。

三、改革の緩み

水野忠邦は弘化元年（一八四四）に老中に再任されたが翌年に辞職した。水野が完全に失脚して報復される恐れがなくなった弘化四年（一八四七）五月に、それまでは忠実に改革政策を実行してきた南町奉行遠山景元と北町奉行鍋嶋直孝とが連名で上申書を提出している。それには水野の苛酷な取締りへの苦言が述べられている。

江戸市中は将軍様の御膝元でありますので、改革を厳重におしすすめ、僅かな期間で耳目を替えるように一変いたしました。しかしそのために人気は畏縮してしまい、急に町民の渡世の取引が手狭になり、賤民の数万人のものは生産の余徳が薄くなり、市中は寂寥《せきりよう》の景色と改まりました。

改革という特別の御仁徳も、下々の者にとっては、反対に怨みをいだくようになりましたのは、まことに深く恐れ入りますが、これにつきましては何卒寛《ゆる》やかと猛々しいの間で御取計いになり、格別に緩みました部分については教諭し、なるだけ御咎めを蒙《こうむ》るような行為は少なくなるように努めます。そのうえでも聞き入れない者は用捨《ようしゃ》なく厳重に取り調べ、処罰いたします。（中略）

下役人共は幕府の御威光をもって厳重に取り扱い、そのために苛酷な取調べをすることが改革の御趣意に叶うものと心得違いをして、自然と手荒な取締りをいたしました。この結果いったんは御趣意が行きとどいたように見えましたが、人情にそむく致し方は永く続くものではなく、かえって弊害を生じましたので、深く思慮して御仁恵の趣意を含みまして、御改革の御箇条を守り難き輩や取締りのできない類にいたるまで、お緩めいただき有免《ゆうめん》の御処置があって然るべきと存じます。

（『市中取締之部・第二三件（一九六）』）

前半は天保の改革によって、世の中が寂寥になったという指摘である。一例として、「駿河町の越後屋（現在の三越の前身）の売上高を調べた所を見ると、天保十一年六月の売上は、一一六六六両余、天保十二年六月のそれは七〇〇〇両余となっています。前のは改革前の売上で、あとの方は改革によって、奢侈が禁止され、江戸の市中が火の消えるようになった頃の、売上の減った状態を示しています。一年間に四六六六両余、すなわち四割近くの売上減です」（石井良助『江戸の町奉行』）。おそらく天保一三年はさらに売上げが減少したであろう。

改革では流通の法則を無視して問屋仲間を解散させたり、奢侈禁止の名目で低物価政策として強制的に「風呂銭一人六文」「煮豆一盃十四文」「団扇十六文」「縦九寸横一尺の紙百枚百文」「職人の手間賃値下げ」等々と値段を指定したりしたが、経済が活況を呈することはなかった。

奉行連名の上申書の後半は取締り緩和の要望である。強制的に値段が決められ、それに違反すれば逮捕される。問屋仲間や株仲間を解散させたので江戸に物資が集まりにくくなり、そのため品薄で物価は上昇したのに無理やり低価格にせよという。仕入れ値が上がったのに小売価格を据え置くので、小商いの者は困窮するのは当然である。

そのうえ奢侈禁止や風俗壊乱という名目で役人が取り締まるが恣意的な処罰であり、行き過ぎた取締りは改めようとする意見である。そのうえで、熱心な下級役人の心得違いの行為であると抜目なく責任を転嫁しているわけだが、ともあれ苛酷で手荒な取調べを改めるのは当然の要望であったのだろう。

天保の改革がなし崩しに終わって、庶民がひと息つき、これから以前にもまさる繁栄を目指そうとした矢先に、また世間が騒然とする事態がおこった。黒船の来航である。本来は江戸市民と関わりのない幕府と外国との交渉の問題であるが、やはり町民にも影響が及んだ。

幕府の治安対策は次のようなものであった。嘉永六年（一八五三）一二月二七日の町触で、市中取締りの名主達に宛てたものである。

浦賀表へ異国船が渡来したことについて、市中の者の安堵のため、此度《このたび》町触を出したので騒ぎ立てることのないように取り計らえ。しかし市中は広く、特に海岸近くの町々は火の元の用心のほか守り方を厳重にするように左のように申し渡す。

異国船が来たならば、一町ごとに町火消人足と店人足、家主共一同は自身番屋に詰め、無宿者や乱妨《ママ》する者があれば取り押さえ、播磨守番所へ召し連れて訴え出るようにせよ。もし手に余るようならば、疵《きず》をつけたり打ち殺してもよい。

武家方の中間や浪人風の者共が町の番屋へ来て、難題を申しかけるようなことがあったならば、右のように召し連れよ。

火の元は特に気をつけよ。もし過ちがあれば、かねて用意しておいた水の手（消火のための溜《た》め水や水路）や消防道具を用いてすぐに火を消せ。

右の申し渡しは容易ならざることなので慎重に心得て猥りにおこなってはならない。ことに月行事の持場は、病気中の名主があれば最寄《もより》の世話掛りや市中取締りの名主共によって補い、等閑にしないように万端に念を入れよ。

市中取締り掛りの名主共は厚く心得てよくよく気を引き締めて等閑にしないように入念に打ち込み、精力をつくし、密々に申し合わせておくようにせよ。人気にかかわるのでよく考え、気付いたことを申し出よ。

（『幕末御触書集成』）

江戸期特有の繰返しの多い文章である。これに続いて池田播磨守からの申し渡しも述べられており、これには「黒船騒動はすでに市中で取沙汰されているので厳重に取り締まるように。また、緊急事態で戒厳令のようなこの措置について、近郷の者や他国には知られないようにせよ」とある。

この町触ではさらに、「附《つけ》りの申し合せ」として、この通達について「異様の下説」や「風聞《ふうぶん》（噂の意）を聞いた時」には取り締まり、「あやしき者や乱妨人が見当たるならば、いささかの用捨もなく召し捕れ」と書かれている。ここでも容疑者を逮捕するのにもてましたら切り殺してもよい、と明記している。全く前例のない強硬な措置である。

黒船が来たからといって、江戸市中で暴れる者や不穏な行動に出るものがある、とは到底考えられないことであるが、幕府は黒船来航に際して江戸市中を戒厳令下においたため、当然、鳴物《なりもの》停止などの風俗取締りも強化されたのであろう。そして、不穏な動きをするものがいないか、幕府にとって都合の悪い風説を流すものはいないか、この探索に目明しやその子分が動員されたのであろう。幕末に向かって目明しやその子分の人数がさらに増えたのはこのような事情があったのだろうが、以前にもまして目明しの弊害は顕著になった。

明治維新の六年前の文久二年（一八六二）一一月二二日に、またしても老中より町奉行に指示がなされた。

其《そ》の方共の組の手先に使っている目明し（ここでは目明しと明記されている＝著者注）や岡引のことについて、寛政年間に「使ってはならない」という趣旨の通達がなされているのに、捕物などがあった時にはこのような類の者を使っているため、近頃は目明しや岡引は権高になっていると諸方から指的《ママ》されている。

それだけでなく、目明しや岡引は自分で働かず、下引きという者を使い、この下引きが次第に多人数になって市中を煩わせている者もあると聞く。もっての外のことである。

一般に捕物がある時には、奉行所の組の者自身が自分の手で捕えるはずのものである。これを等閑にして目明しや岡引という手先を使うようになってしまい、或いは風聞や探索にもそれらの者共を使うので、下々の者は心得違いをして、どんな所業に及ぶかもしれない。

今後は右のような流弊を急度改革し、取締りに努力せよ。

（『同前書』）

いぜんとして目明しやその子分達が町奉行所で使われていたので、老中も困惑したのであろうが、これを読むと、今頃何をいっているのか、こうなったのは幕府の責任ではないかと言いたくなる。目明しやその子分達の悪業は一向に改善されなかった。

この通達の翌年、といっても二ヶ月ほど後の文久三年（一八六三）正月一八日に老中井上河内守は、大目付へ奉行所同心の手代や手附などが、「身分を高振り、上司の命令をわきまえず」振る舞っていると指摘し、改めるように命じている。内政上の重大な問題と認識したようである。

幕府が早急に国内問題を整備しようとしたのは、急速に浮上した外交問題に対処しなければならなかったからである。周知のように嘉永六年（一八五三）にペリーの率いるアメリカ艦隊が浦賀に来航して以来、幕府はアメリカの要求に苦慮していた。ロシアの軍艦が対馬の占領を企てたりし、薩摩藩士がイギリス人を斬る生麦事件（文久二年・一八六二）が突発した。

内政でも、老中安藤信正が水戸藩士に襲われる「坂下門外の変」や、和宮降嫁の行事と道中の警備、開国・攘夷論争など緊迫した情勢が続いていた。文久三年一一月の町触は「浮浪の徒が江戸市中を徘徊して、不穏な所業があるかもしれないので警戒せよ」（『同前書』）と警告し、翌月には「江戸の町中で不穏の儀があると聞く。万一夜中などに乱妨者があれば逮捕せよ」（『同前書』）と触れている。

江戸市中が次第に騒然としてきた様子が読み取れる。当然、目明しやその子分達は不穏分子の探索に駆り出され、自分達も手柄を挙げようと行動したのであろう。目明しの需要がさらに高まったといえる。こうして、表向きは存在しないことになっていた目明しは、明治維新まで存続した。

四、目明しの肥大

目明しは江戸だけではなかった。岡引や手先など各地によって呼び方は異なるが、各藩で、大都市だけでなく農村部でも使われた。

その代表的な例として、阿部善雄氏の労作『目明し金十郎の生涯』に、三二年間にわたって奥州守山藩（現福島県郡山市）の正式目明しに任命された金十郎の行動が記されている。

博徒の親分の子として生まれた金十郎は、青年になった時には近隣に名の知れた博徒になっていたが、街道筋の各集団の博徒を取り締まるため守山藩から正式に目明しに任命された。金十郎には寺社の境内で催される芝居や見世物の興行権が与えられ、各地を巡業する芝居や見世物を寺社の祭礼時に上演させて一定の収入を得ていた。

目明しとしての活動は近隣の百姓一揆の指導者の調査、逃亡した犯罪人の追跡、盗難品の質入れや売却先の調査、逃亡した飯盛女《めしもりおんな》や遊女の探索及びこれに加担した者の調査、無宿者の訊問と処置、博徒の摘発など多岐にわたっているが、自宅で賭場を開くという博徒本来の行動も続けていた。

そのほか地方の目明しの例として、拙著の『小さな藩の奇跡――伊予小松藩会所日記を読む』（角川ソフィア文庫）では、四国の小藩に抱えられた目明し半平に言及した。半平は半農半目明しともいえる生活で、藩内を巡回する下級武士の手下であった。活動は主として盗品の質入れ先や売渡し先の探索で、侍の妻の出奔、男女の欠落人の追跡もおこなっている。

農村部の目明しは江戸の目明しと違っていて、賭場を開くこともあるが自前で生計を立てることができるのが前提のため、一般の住民に大きな迷惑をかけた記録は見当たらない。少なくとも江戸の目明しのような無法ぶりは記録されていない。

農村部は大都市に比べて人口密度が低く、住民は代々にわたたって知り合いなので、何か事件があっても加害者と被害者が容易に判明し、紛争の原因もほぼ推察できたのであろう。これらの要因が目明しの介入の余地を少なくしたとみてよい。また支配機構が比較的有効に保たれていたため、目明しが不法行為をおこなう余地は多くなかったのであろう。

江戸の目明しという主題からそれて地方の目明しの例を述べたのは、目明し全体を理解していただくと共に、後述するように幕政の問題と関連するからである。

一方、江戸市中では明治維新が近づくにつれ、世情はいちだんと騒がしくなった。内戦に備えて慶応二年（一八六六）一一月には「小川町講武所の儀、今般陸軍所に仰せ付けられ候。御旗本御家人の面々同所へ罷り出で砲術修業致さるべく候」（『大橋家文書・公用控拾九番』）となり、江戸城勤務の「同朋衆、同朋見習、表坊主などが解雇されたり鉄砲隊に編入され」たりした（『同前書』）。倒幕勢力との内戦に備えた準備のためである。また幕府側の、にわかに町火消などから採用された兵隊で、無銭飲食をする者などもいて、治安問題は厳しさを増した。

世情不安になると目明しや子分が市中の無頼の者を調べたり捕えたりする仕事は当然増

える。また、さらに業務が付け加えられた。慶応三年（一八六七）三月七日の町触は、「外国人が市中遊歩の節、故なく礫《つぶて》を打ちその他不法の仕掛をする者がある」として、外国人への悪口や粗暴な行為をする者を召し捕るように指示する。同年一〇月には薩摩藩の謀略で江戸の薩摩屋敷に浪人者などが集められ、市中に不穏な雰囲気を醸し出すために押込みなどをおこない、さらに情勢は緊迫する。このような情勢の下、幕府は一二月二五日に薩摩藩邸を焼打ちにし、ついに幕府と薩摩・長州との内戦が始まった。

目明しの業務はこのような時代の趨勢に応じて拡大したが、同時に第三章で述べた目明しの悪業も猖獗《しょうけつ》をきわめ、目明しとその子分の無統制な行為は文久二年の時よりもさらに激しくなった。

慶応三年一一月一八日になって、大目付駒井相模守、町奉行で勘定奉行兼任の井上信濃守の立会いの下で、三廻り勤務方とその手先（目明し）を取り締まる寄合があり、同件の監察のため南北改正係二名が任命された。

目明しとその子分が逮捕権を濫用し、商店や個人から金銭を強請し町民から嫌悪されている状況は、老中も熟知していたのであろう。幕府は町民の不満を解決する必要に迫られていた。何を今更、もはや手遅れであろうが、大目付が直々に出席するとはよほど深刻な事態と認識したのであろう。

改正係の中村次郎八と佐久間健三郎の調査報告書は同年一二月に提出され、引用すると以下のようである。

（廻り方の）役人は盗賊の見込みで容疑者を取り調べたが（目明しが）悪事をしていないと申し立て（家族などの関係者へ）引き渡すように言い出したので、役人もどのような取計いがあったのかと気付いてはいたものの、目明しの重立《おもだ》った者が（容疑者を）取り扱っていたので、このことに彼是六ヶ敷《かれこれむつかしき》ことを問いただすと、後の捕物の時などに障りがあるかもしれないと目明しの措置を見逃しているので（目明しの）悪弊がますます募っていき、町人共に迷惑が及んでおります。（『旧幕引継書』）

町奉行所の同心が目明しの言いなりになっていたということだ。だから改正係は同心に大きな不信感を抱いた。町奉行所での寄合で、三廻り方の勤務状況を疑いの目で見ていたのも充分に根拠があったのだろう。

興味深いのは改正係が目明しとその子分の数を報告していることである。それによると、以下の通りである。

南町三廻手先百五十九人
内給金取九十人　給分毎月壱両弐分より次第有之、壱分迄
内無足六十九人

北町同断　百六十二人
内給金取四十九人　給分右同断
内定廻附手人七十人　同壱分より弐朱位を毎月遣、又ハ無給右同断
内臨時附手人六十人

他に双方出　六人
吉原町出方　拾六人
猿若町同断　六人

〆三百八十一人

手先とあるのは目明しのことで、計算違いがあるようだが、とにかく目明しとされている者は合計して三八一名いたという。毎月の手当が一両二分から順々に少なくなって一分までの場合と、一分から二朱ほどの二つのグループに分かれていて、無給の者もかなり高い割合でいたことがわかる。

これには三箇条が付け加えられていて、右の目明しの手当は吉原町から出ていること、また目明しは五組に分けて、月のうち六度ずつ「御用聞き」として廻り方に勤務していたことが記されている。

右に述べたほかに廻り方には「一人遣《つか》い」といって、銘々《めいめい》が勝手に召し仕っている者が多数あります。

重立った手先（目明し）は住居に同居させている子分が三人ほどありますので、目明しと子分達で合計すると凡そ千人ほどになります。その他に所々に紙屑買いのような者で、下っ引（子分又はその手下）になっている者が夥《おびただ》しくおります。

結局、右のように表立っています目明しと子分や下っ引を合わせますと千五、六百人余にも至ると申しましょうか、商売もしていなくて生計を立てていますことは町人共を悩ませて金銀を貪り取っているからであります。市中の者一同は、内心は奸賊と悪《にく》み苦情を申し立てております。

至って正直な報告である。なお文中にある紙屑買いは個々の家庭を廻って紙屑や不用な物を買い集めることで、噂話を聞ける重要な情報源であった。

それにしても目明しとその子分達の膨れ上がった数はどうか。以前よりもさらに増えているが、町人の寄生虫であることから底知れぬ悪人の奸賊と憎まれているというのである。明治維新直前の目明しとその子分達は、幕府にとって由々しき治安上の事態になっていた。

五、幕藩体制の矛盾

以上でわかるように、明治維新の直前には目明しやその子分、さらにその手引となっていた者は一五〇〇名かそれ以上の数になっていた。それらの者達の横暴から、幕府は目明しの容認と町民からの不満という矛盾に悩んだ。目明しの存在じたいが治安を揺るがす問題になり、幕府も取り締まる姿勢を示さねばならなかった。

目明しの全貌が明らかになると、ここで幾つもの疑問が生じる。そもそも犯罪者を利用して他の犯罪者を摘発するという発想じたいが問われるべきではないか。改心したと称する元犯罪者（目明し）がどこまで信用できるのか。彼らが以前に組んでいた犯罪者仲間や古巣の犯罪者集団に、密かに情報を洩らしたりしないと思ったのか。捜索を事前に犯罪者集団に通報しなかったのか。

役人の取調べ前に目明しが容疑者を引合茶屋などという私設の「第二自身番屋」に連行して訊問するのが容認されたのは何故か。目明しが容疑者に金銭を払わせて釈放したのを何故咎めることができなかったのか。

その他、封建制度下に間々みられる風聞（噂）だけで容疑者を逮捕し、拷問によって自白を強要する方法が改められなかったのか。

「風儀がよろしくない」「風俗にもとる」という抽象的な概念での取締りが、捕吏の恣意的な判断でおこなわれていたが、これを是正する措置はとられなかったのか。

奉行所での判決で無罪になると奉行や与力の面目にかかわるので、無理に有罪にしたケースが多いのではないか。そのために参考人を脅したのではないか。

等々の疑問が生じる。何故これらのような無理が通用したのか、と思うのは当然であろう。これらは前近代的な法やその執行、運用からくる問題であり、背景にある幕藩体制から生じたものであって、次のような幾つかの根本的な問題に基づいていた。

第一に、幕府の財政問題である。

幕府は恒常的な財政窮乏により、江戸の治安・警察への支出を制限し、警察業務は常に少人数の予算で運営されていた。前述のように三廻りの役人は南北両奉行所あわせて僅か二八名、火附盗賊改方の同心を最大限数十人を投入したとしても、合計して一〇〇名ほどである。

巡回、調査、探索、逮捕などの治安活動をおこなうためには絶対的に人員が不足していた。人手不足を補うためには補助員が必要であった。

ただ、これらの補助員は誰でもよい、という訳にはいかなかった。まず、原則として薄給か無給である。また、捕吏は不浄役人として蔑視されており、その下で働くことはさらに蔑視される。さらに場合によっては危険を伴う仕事であり、そのうえ強窃盗犯の事情に詳しい者でなければならなかった。一般の町民から募集しても適切な人材を求めることは不可能である。したがって、おのずから補助員となるものは限定され、特殊な者を使う以外になく、財源は奉行所の才覚で得た金銭と吉原町からの上納金程度で、少額の手当を与える以外になかった。

ちなみに参考として述べると、現在の東京都の警察官の人数は四万三四二二人（二〇一五年四月一日現在）である。このうちの何割が直接治安・警察活動に専念しているのか不明であるが、かなりな人数が配されている。江戸期の自身番所が現在の交番と似た機能を持ち、軽犯罪を取り締まっていたとはいえ、同心の人数がいかに少なかったかがわかるだろう。そのうえ江戸期の移動は徒歩でおこない、通信・連絡は口頭や書面でなされていたのだから、一人あたりの作業効率も低い。以上をひとことで述べると、治安維持の必要性と財政窮乏の矛盾である。

第二に、武士の特権である。

倹約令が出されても支配層である武士は特別で、町触で金銀細工の品の製造が禁止されても「武家専用の品はこれまで通りに、その外も武家より誂《あつらえ》の品は格別」（天保九年閏四月）としている。奢侈禁止も「御武事については、たとえ存外の散財あるも元来銘々覚悟につき」（天保一二年九月一九日）と自ら否定している。

「高価な品を武家方から誂えようとしてきた場合には奉行所に伺って差図をうけよ」（天保一二年一〇月一六日）としているが、結局は製造を容認している。倹約令も武家からの発注という抜け道があって形骸化した。なかには「これより大名方の婚礼（の季節）であり、高金の品の誂があれば調達しなければならないが、大名も百万石もあり一万石もあるので差別を心得て万事が質素にするように」（天保一三年三月）という通達もみられる。武士の特権はさまざまな分野で行政の支障をきたす理由となった。

本書の冒頭に「三之助事件」を紹介したのもその一例である。三之助がこれほど大規模にかなりな期間にわたって中間部屋を賭場にできたのは、町奉行の同心達が武家屋敷に踏み込めない規定だったからである。

逆に一般の百姓や町民は、武家屋敷に勤務している中間や下働きの女達に面会するのは容易であった。これらの訪問者が中間部屋で賭博に熱中したとしても、その屋敷の家中の者以外に咎める者はなかった。目明しも「町人」と称して武家屋敷に出入りすることは可能であった。勤務している中間に会うことは容易で、目明し自身が中間部屋での賭場に関与することもできたのだろう。三之助事件で逮捕された町人のなかには目明しと思える人物もいる。

武家屋敷への捜索は町奉行を通じて目付へ理由を書いて申請しなければならなかった。対象となる武士や、それが仕えている領主の名誉にかかわる案件なのできわめて慎重になされた。もちろん実際に町方が踏み込んだ場合には、屋敷の主人は監督不行届として処罰されたのであろう。しかし踏込みが稀であったことは、同心からの報告書で繰り返し武家屋敷内での賭博容疑が述べられていることからわかる。

三之助事件では武士も多数処罰されているが、武士は逮捕しても「容易に縛る訳には成らぬのです」（『旧事諮問録』）とあるように、簡単に縄をかけることのできない身分であり、武士の居住区は特別な領域であった。碁打ちに関する事件でも武士への判決はきわめて寛大であった。

ついでに述べるならば、幕藩体制は農村部での賭場開場も助長した。生産性の高い地域では一つの村が幕府直轄領、寺社領、公家領、大名領など複数の領主に分割されていた。そのため博徒が賭場を開いていた時に摘発の役人に急襲されても、ほんの僅かな距離を逃走するだけで「他領」に逃げ込むことができた。だから賭場には「足早の者を見張りに立てた」(『御仕置例類集』)とある。

他領に逃亡した博徒は、ほとぼりがさめると元の場所に戻って再び賭場を開いていた。農村の分割支配が賭場の開催を容易にするという皮肉な結果である。次項はこれに関連する。

第三に、大名領間の問題である。

他領に逃げ込んだ賭博犯の引渡しには領主間の交渉が必要であった。そのためには担当人員を配置し、煩雑な書類を作成しなければならなかった。

幕藩体制において、「大名同士の協約の締結は、幕府によって堅く禁止されていた」(『目明し金十郎の生涯』)。大名どうしが同盟を結んで幕府に対抗することを防ぐためであった。

そのため大名や旗本が他領に逃げ込んだ自領の犯人を探索する時には大目付《おおめつけ》に申請し、その上でようやくおこなうことができた。その折には逃亡犯を追跡する理由を述べねばならず、もし逃亡犯が御家騒動などに関連するとみなされたならば、大目付から自領の統治能力を疑われることになった。不祥事が発覚すれば、国替《くにがえ》や廃藩の口実になるかもしれない。大名の本心は、なるべく大目付に申請せずに他領と交渉することであった。しかし家臣を他領に派遣するにも理由が必要であり、他領への立入りは難しいことであった。

そこで使われたのが目明しである。特に地方で目明しが必要（悪）とされた理由の一つは、他領との交渉で有用だったからである。

江戸の目明しが近郊の村からの家出娘や駆落ち者の情報をいち早く入手できたのも、他領の目明しとの情報網があったからであろう。目明し金十郎は街道筋の賭場取締りと称して近隣の他領に自由に出入りしている。目明し半平は隣接する藩の目明しと懇意で、贋札《にせさつ》使いの逮捕には互いに協力している。むろん半平も他領にたびたび立ち入っている。藩の台所で弁当を用意してもらい、藩の公用船に便乗して対岸に渡ることもあった。他領との往来は目明しのほうが武士よりもはるかに容易であった。

幕府は他領に逃亡した賭博犯について、その逮捕にあまりにも制約が多いことから寛政六年（一七九四）に改正を通達した。これにより、他領から越境してきた賭博犯の逮捕が容易にできるようになった。しかし博徒を捕えても「（その）地の領主は、吟味はできるが、（他領の民であるため）刑の執行はできない」（『近世刑事訴訟法の研究』）という不充分なものであった。ただ関東取締出役は関八州《かんはっしゅう》（武蔵国《むさしのくに》など関東の八つの国）にわたって「他支配他領の差別なく悪党を召捕ることが認められた」（『同前書』）。

第四は、やはり身分制の問題である。

幕末になると目明しは同心と同じように容疑者を逮捕、拘留するようになっていた。ただ同心と異なるのは、私的な怨恨の一方に加担し、また金銀を提供する犯罪者は黙認し、容疑者を釈放していた点である。同心では到底おこなえない行為の一例として「清左衛門は、遊女屋を営みながら、売女の摘発をたびたび行なった。文字通りの目明しでもあった」（塚田孝「吉原──遊女をめぐる人びと」）。

目明しの不法な行動を統制できないのならば、役人なみの規律を守らせるため、いっそ役人の身分を与えたらよいのではないか、というのは現代的な考えである。「幕府としては、むしろ、目明を官制上の存在として、これを統制すべきであつたであろうが」（『同前書』）、これは不可能であった。

目明しに定員はなかった。一奉行所に何人又は何人までという規定はなく、同心の恣意的な判断で採用されていた。それも手当を与えられている者と全く無報酬の者とがいた。当初から官僚制度には馴染まないものであった。

幕府として支配の根幹をなす治安維持や警察活動は建前上、支配階級である武士の専任事項であり、支配層だから執行できるものであった。階級制度は厳格に守らねばならず、非公式な存在である目明しを士分同様に扱うことは封建制度そのものを否定することであった。

目明しを武士なみに統制することは、創設のいきさつからみても不可能であった。目明しの存在を公式には否定し、実際に存続させたのも幕藩体制からくる矛盾といえる。

以上で目明しの全貌はおおむね御理解いただいたと思う。そのうえで、銭形平次や子分のガラッ八《ぱち》の活躍を楽しんでいただきたい。

おわりに

目明しが活発に活動できたのは、江戸という特殊な舞台があったからである。

広大な敷地を占める大名屋敷や旗本屋敷、各藩の藩邸、今も地名に名前を残す侍屋敷地や寺社があった。そして、それより狭い地に数十万の町民が押し込められるように住んでいた。住民は武家屋敷に出入りする商人、職人の他に多くの下層民がいた。この地域で一旗挙げようとする野心家、凶作で地方から逃亡してきた農民、職を求める浪人、旅芸人や雑多な職業の人々が流入してきた。

むろん人別帳として戸籍の管理はおこなわれたが、届出をしない者や無宿人も多く、犯罪の温床になりかねない区域であった。また、犯罪者だけでなく奢侈禁止令や風俗取締りによって調査されるべき対象は拡大された。

これが地方と異なる江戸の目明しの働く場であった。

目明しは幕府の犯罪対策として始まったが、悔悟した犯罪人を使役する方法が採られた。その結果、江戸中期以降の社会情勢の変化により目明しのあり方自体が大きく変貌した。町奉行所に協力することでもたらされた「進化」である。時代順に変遷を述べると次の通りである。

一、最初は犯人として検挙された者が、取調べ中や牢内から仲間を裏切って訴人する。首代と呼ばれるように自分の首をかけて奉行所に訴人した。この頃の目明しは、呼び名や諢名《あだな》がつく小悪党として名前が記録されている。

二、編笠、腰縄付で同心に曳かれて犯罪者仲間の隠れ家を示したり、実地検証に立ち会う。改心した犯罪者として御上に協力する。

前項と同様に刑期が短縮されるか釈放されるかした者だが、元来が犯罪者なので再び町人を恐喝、強請などする。なかには「目あかし　鬼子儀兵衛　死罪を申し付くる也」(「享保世話」『近世風俗見聞集』)と極刑に処せられた者もいる。

三、探索する容疑者が抵抗するかもしれない場合に備えて、捜索や隠れ家検分などに編笠、腰縄なしで同心に随行する。

この頃より次第に同心に代わって、容疑者が刃向から捜査のような危険な作業に従事する。同心と狎《な》れあいはじめ、目を盗んで悪事に手を出すようになる。
四、同心と共に巡回、捜査、逮捕をおこなうようになる。
この頃より目明しは子分を持つ者が増え、独自の「第二番所」を使用する。金次第で容疑者を釈放し、町役人より権威をもつようになって賭博や軽犯罪を見逃すようになる。
五、同心から独立して、目明しのみで聞き込み、巡回、捜査、逮捕をおこなうようになる。同心にねだって有給無給の目明し仲間を増やす。
目明し自身の生計を立て子分を養うために、日常的に不法行為をおこなって収入を得る。同心は目明しの悪行を黙認する。

当初は奉行所に対してははなはだ卑屈な態度であった目明しが次第に変貌して、最後には傍若無人の振舞いをするようになった。

町民に迷惑をかけるので、奉行所は目明しを採用していないと公表したが、同心の保身と目明しの思惑などが複雑にからみあって、出発時の想定と大きく異なるような存在になった。

この変化は幕政の推移と結びついている。すなわち、享保の改革時にはまだ目明しは揺籃期であったのだろうが、寛政の改革時には既に増長していて公然と悪事をおこなうようになった。天保の改革時には権威を笠にきて、町役人を凌ぐような勢力になっていた。悪事を制止すべき同心が目明しの悪業を黙認していたのが、目明しがはびこる直接の原因であった。

明治維新の直前には目明しとその子分は少なくとも千数百名、紙屑買いなどを含めるともっと多数にまで増加していた。慶応二年（一八六六）の貧民達による江戸市中の大打毀しには、同心や目明しは首謀者や活動分子の探索に忙殺されたのであろう。こうして幕末まで存続した目明しの存在であるが、いわば幕府の失政と制度の矛盾・欠陥が目明しを育てたといえるだろう。

あとがき

目明しに注目したのは、拙著『賭博Ⅲ』（「ものと人間の文化史」四〇—三、法政大学出版局、一九八三）を準備している時であった。

江戸の博徒を調べていて目明しに行き着いた。本来は賭博を取り締まる立場にありながら、金を貰って賭場の見張りをしていたという。奇妙な行動をしているなと興味を抱いた。その後『賭博の日本史』（平凡社選書一二九、一九八九）を執筆する機会に恵まれ、新たな文献資料に目を通した。この時よくわかったのは、目明しはテレビ・ドラマの主人公のような「正義の味方」でなく、町民を強請り、金次第で犯人をでっち上げたり容疑者を釈放するなど非道の輩というべき面があることだった。

いうまでもなく近世の研究者達は目明しの真実を知り、発表している。しかし学術論文や学術書は人々の目に触れることが少なく、目明しの実像は充分に伝わらなかった。これほど人々の抱いている人物像と真相とがかけ離れている例は珍しい。今回は新書という形式なので、この事実が広く読まれることを期待している。

本書は筆者の賭博史の研究から生まれたものである。それゆえ江戸期のさほど長い時期でなく、目明しという限定された主題であるが、筆者は遊戯史研究の一環と考えている。俗説を改めるという点でも研究の趣旨に沿うものと信じている。

また、昨今はカジノ設置の可否が論議されているが、目明しのように賭博にたずさわる者は必ず腐敗していく、というのも本書が期せずして示した教訓であろう。

昨年、平凡社前役員の関口秀紀氏と平凡社編集部の蟹沢格氏とで歓談する機会があり、たまたま目明しのことが話題になった。蟹沢氏の機敏な行動で早速、隔月刊誌『こころ』(平凡社刊)に目明しについて上・下二回にわたって書かせていただいた。今回、新書として出版するように努力していただいたのも蟹沢氏である。

本書は多くの先達の諸先生方の業績があったからこそ、まとめることができた。紙上を借りて厚く御礼申し上げたい。巻末の参考文献一覧のなかで諸先生の優れた御研究を挙げさせていただいた。

なお、本書の引用文献で江戸期の町触や同心の上申書などを現代文調になおしたのはあくまで筆者の責任においてであり、大方の御叱正を乞いたい。

最後に、長年温めてきたテーマを実現していただいた平凡社の蟹沢格氏にあらためて深く感謝の意を捧げたい。

二〇一八年五月

増川宏一

参考文献

阿部善雄『目明し金十郎の生涯』中公新書、一九八一

荒川秀俊編『天保改革町触史料』雄山閣出版、一九七四

石井良助編『近世法制史料叢書第1 御仕置裁許帳・厳牆集・元禄御法式』弘文堂、一九三八

石井良助編『御仕置例類集・天保類集』名著出版、一九七四

石井良助、服藤《はらふじ》弘司《ひろし》編『幕末御触書集成　第6巻』岩波書店、一九九五

石井良助『江戸の町奉行』明石書店、二〇一二

小川恭一『江戸の旗本事典』講談社文庫、二〇〇三

高柳眞三、石井良助編『御触書天保集成 下』岩波書店、一九七七

塚田孝「近世の刑罰」『日本の社会史 第五巻』岩波書店、一九八七

塚田孝「目明しの実態」『週刊朝日百科 日本の歴史79』朝日新聞社、一九八七

塚田孝「吉原――遊女をめぐる人びと」『日本都市史入門』東京大学出版会、一九九〇

塚田孝「下層民の世界――「身分的周縁」の視点から」『日本の近世 第七巻　身分と格式』中央公論社、一九九二

塚田孝「身分制の構造」『岩波講座日本通史 第十二巻』岩波書店、一九九四

平松義郎『近世刑事訴訟法の研究』創文社、一九六〇
『藤岡屋日記』三一書房、一九八七―九五
本庄栄治郎校訂・瀧川政次郎解説、武陽隠士『世事見聞録』青蛙房、二〇〇一
山田桂翁「宝暦現来集」『続日本随筆大成』吉川弘文館、一九八二
山本博文『日曜日の歴史学』東京堂出版、二〇一一
横倉辰次『与力・同心・目明しの生活』雄山閣出版、一九六六
「市中取締之部」『大日本近世史料・市中取締類集』東京大学出版会、一九六二
『旧幕引継書目録一〇 撰要類集細目』国立国会図書館、一九六七
近世史料研究会編『正宝事録』日本学術振興会、一九六五
近世史料研究会編『江戸町触集成』塙書房、二〇〇三
警察協会編『徳川時代警察沿革誌』（複製版）国書刊行会、一九七二

【著者】
増川宏一（ますかわ こういち）
1930年長崎市生まれ。旧制甲南高等学校卒業。以来、将棋史および盤上遊戯史を研究。大英博物館リーディングルーム・メンバー、国際チェス史研究グループ会員、遊戯史学会会長。著書に『賭博の日本史』『碁打ち・将棋指しの江戸』『日本遊戯思想史』『遊戯の起源』（以上、平凡社）、『将棋Ⅰ・Ⅱ』『盤上遊戯』『賭博Ⅰ・Ⅱ・Ⅲ』（以上、法政大学出版局）、『将棋の駒はなぜ40枚か』（集英社新書）、『ゲームの博物誌』（JICC 出版局）、『将軍家「将棋指南役」』（洋泉社新書y）、『小さな藩の奇跡』（角川ソフィア文庫）などがある。

平　凡　社　新　書　8　8　7

江戸の目明し

発行日——2018年8月10日　初版第1刷

著者———増川宏一
発行者——下中美都
発行所——株式会社平凡社
東京都千代田区神田神保町3-29　〒101-0051
電話　東京（03）3230-6580［編集］
東京（03）3230-6573［営業］
振替　00180-0-29639
印刷・製本—株式会社東京印書館
装幀———菊地信義

ISBN978-4-582-85887-7
NDC 分類番号322.15　新書判（17.2cm）　総ページ182
平凡社ホームページ　http://www.heibonsha.co.jp/